DANS LA MÊME COLLECTION

Pedro de Alcantara : *La Technique Alexander.*

Michel Anselme : *La Morale retrouvée.*

Claude-Marc Aubry : *Chasser la déprime… et profiter de la vie.*

Thierry Bernardin : *Guérir du passé.*

Jacques Bonhomme : *La Voix énergie.*

Julia Cameron & Mark Bryan : *L'Argent apprivoisé. De la dépendance à la liberté d'être.*

Bruno Comby : *Comment vous libérer du tabac.*

Bruno Comby : *Stress-control. Comment vous libérer du stress.*

Charlotte Davis Kasl : *Danser avec la vie.*

Carlos Devis & Maria Mercedes de Beltran : *Transformez vos problèmes en opportunités.*

Patrick Estrade : *Vivre sa vie : comprendre, décider et agir.*

Patrick Estrade : *Être ou ne pas… Comment réussir votre personnalité.*

Patrick Estrade : *Vivre mieux : mode d'emploi.*

Patrick Estrade : *Le Couple retrouvé.*

Patrick Estrade : *L'Amour retrouvé.*

Patrick Estrade : *Bonjour l'ambiance !… Comment améliorer les relations humaines en milieu professionnel.*

Patrick Estrade : *Vous avez dit névrose ? C'est pas moi, c'est les autres !*

Patrick Estrade : *Parents/enfants : pourquoi ça bloque ?*

Moshe Feldenkrais : *Énergie et bien-être par le mouvement.*

Pierre Fluchaire : *La Révolution du rêve.*

Dominique Fromm : *Dire non, ça s'apprend !*

Gilbert Garibal : *Vers la confiance en vous en huit étapes.*

Céline Gérent : *Le Guide du savoir-vivre sexuel.*

Robert H. Hopcke : *Persona. Du masque social au Moi réel.*

Alain Houel : *Comment faire face aux gens difficiles.*

Chantal Hurteau Mignon & Christophe Jaouën : *Cherche âme sœur.*

Thierry Loussouarn : *Transformez votre vie par la sophrologie.*

Dr Alexander Lowen : *La Spiritualité du corps.*

Dr Alexander Lowen : *La Joie retrouvée.*

Dr Maxwell Maltz : *Psychocybernétique. Comment changer l'image de soi pour transformer sa vie.*

Martine Montalescot : *Le Toucher relationnel.*

Leonard Orr & Konrad Halbig : *Rebirth. L'art de la respiration consciente.*

André Passebecq : *Votre santé par la diététique et l'alimentation saine.*

André Passebecq : *Psychothérapie par les méthodes naturelles.*

André Passebecq : *Mincir naturellement.*

Paul Pearsall : *Le Droit au plaisir.*

Marcel Rouet : *Relaxation psychosomatique.*

Marcel Rouet : *Maigrir et vaincre la cellulite par la détente nerveuse.*

Marcel Rouet : *La Maîtrise de votre subconscient.*

Douglas H. Ruben : *Le Sentiment de culpabilité.*

Alain Saury : *Régénération par le jeûne.*

Yvonne Sendowski : *Gymnastique douce.*

Debbie Shapiro : *L'Intelligence du corps.*

Jean Spinetta : *Le Visage, reflet de l'âme.*

Thierry Tournebise : *Se comprendre avec ou sans mots.*

Thierry Tournebise : *Chaleureuse rencontre avec soi-même.*

Doreen Virtue : *Image et amour de soi.*

Dr Herbert Wagner : *La Maîtrise du lâcher-prise.*

Le toucher relationnel

Collection “**Psycho-soma**” (le corps et l’esprit)

L'AUTEUR :

Très tôt, Martine Montalescot est confrontée à la question des relations humaines.
Des qualités naturelles d'empathie la guident sur le terrain de la souffrance et de la relation d'aide, l'incitant à développer une écoute particulière.

Pendant de longues années, elle affine sa perception et découvre une *forme originale de relation thérapeutique* plus intime (incluant, tout en les libérant, les divers invisibles), restructurante et pourtant subtile autant que profonde et créatrice. Grâce à un vrai *toucher* et à une réelle authenticité (facilitateurs indispensables), cette thérapie est la voie d'accès à une réalisation facilitée.

S'ouvrant à ses propres outils, Martine Montalescot élargit ses compétences, résultats d'une analyse permanente et exigeante de son vécu et de ses expériences. Sa démarche didactique lui permet de s'accomplir, de s'affranchir, pour favoriser un *continuum* dans sa méthode. Ses séjours à Montréal l'aideront plus encore à se dévoiler et à préciser ses pratiques d'accompagnante, d'enseignante, de conférencière et de thérapeute.

Dans son cheminement, l'écriture soutient cette création. Fruit d'une longue et laborieuse découverte, ce livre est l'aboutissement de ses recherches. Il traduit très bien la réalité d'un besoin quotidien : celui d'accéder à notre potentiel, à nos dons propres, à notre humanité.

Pour l'auteur, ces assises sont fondamentales à l'équilibre et à la santé. Elles doivent s'acquérir et s'entretenir, d'où l'acceptation d'une communication libérée, en connexion avec l'énergie de Vie, qui permettra à l'être de se réaliser et à l'humain de se vivre.

Martine Montalescot
(Psychothérapeute)

Le toucher relationnel

Éditions Dangles
18, rue Lavoisier
45800 SAINT-JEAN-DE-BRAYE

OUVRAGES DU MÊME AUTEUR

En finition :

Harmoniques des sens (relation aux subtilités du *toucher,* de l'écoute et de la relation-communion) : recueil poétique sur une sexualité inspirée et épanouissante.

Les Mots Majuscules : textes initiatiques portant sur l'accomplissement de la femme 2000.

ISSN : 0397-4294
ISBN : 2-7033-0498-6

Le toucher est un acte de vie,
qui favorise la vie.

J'ai volontairement écrit cet ouvrage en langage parlé. Si vous le lisez en y mettant le ton, comme on parle, peut-être même si vous l'osez, à haute voix, le fait d'écouter votre parler vous permettra d'accéder à une compréhension de l'intérieur; car c'est de là que je m'exprime : de mon intériorité. Ainsi, vous pourrez entrer en contact avec la vôtre, et percevoir les nuances et le sens de l'approche de ce toucher.

C'est en partant de ce que vous êtes que vous devez entendre le toucher, pour être à même de le comprendre et de l'offrir.

Gardez le mental libre, au service de l'être!

Nos attitudes viennent souvent de nos habitudes
et nous privent de nos aptitudes.
Il suffit d'un peu d'altitude.

Cet ouvrage s'adresse à tous, mais en particulier à tous les soignants et accompagnateurs – quels que soient leur niveau et leur fonction. Je rends ici hommage à leur travail, à leur dévouement, à leur générosité, à leur authenticité, à leur courage, ainsi qu'à l'accueil qu'ils offrent, lorsqu'ils sont en mesure de le faire.

Le but principal de ce livre est de leur apporter une aide efficace face à un découragement généralisé et à un besoin croissant de vivre mieux leur travail. Il se veut une incitation à se donner, à être soi, et ainsi à être vraiment présent dans la relation soignant/soigné. Il est une « osance » de plus sur la nécessité de s'ouvrir *à de vraies valeurs, à l'expression de sa propre humanité, tout en veillant à l'éthique relationnelle.*

Tous les points abordés traitent de la responsabilité, de la définition des limites, ou encore de l'ancrage dans la réalité. Il est évident que cela ne peut se vivre que par le ressenti, la confiance que l'on se donne, l'exploitation des émotions que l'on s'autorise et l'écoute de soi.

La grandeur de l'homme, c'est d'être humain.
Sa noblesse, c'est de s'accomplir avec cette humanité,
dans l'exercice de sa fonction.
Ainsi, il est un individu entier.

Préface

TOUCHER : ce mot n'est pas neutre pour le public français. Chez bon nombre d'entre nous, il ne manque pas de susciter des allusions grivoises, des réflexions ricanantes, ou tout au moins des sourires entendus. Cependant, il est aisé de vérifier que ces railleries équivalent à des réticences qui, à leur tour, recouvrent des craintes.

Mais quelle peut être l'origine de ces peurs ? Sans doute faut-il remonter à la vieille hantise chrétienne du contact physique assimilé à une relation de chair – donc irrémédiablement coupable –, mais aussi aux pratiques sociales rendues possibles par les nouvelles technologies de la communication, qui appuient une part de leur développement sur ces culpabilités et qui permettent la relation tout en évitant le contact, tout en éludant le corps, même lorsque l'on n'y parle que de lui.

La conséquence directe est la multiplication de ce que l'on a appelé « l'homme-terminal » (rivé à son terminal d'ordinateur) : cet homme bardé de prothèses électroniques, branché, connecté, mais sans intériorité et sans corps, dans un monde où la communication est devenue à la fois une utopie et une idéologie.

Les sociétés, qui fonctionnent comme les organismes vivants, tendent à sécréter des anticorps. Elles élaborent des compensations à certains de leurs propres fonctionnements lorsque, par leur développement trop rapide ou leur emprise trop exclusive, ils risquent de déséquilibrer l'ensemble et de provoquer des pathologies.

Ainsi s'explique, entre autres, le succès public de l'éthologie avec K. Lorenz ou B. Cyrulnik ; le succès, également, de l'école de Palo Alto et de Gregory Bateson pour qui les thérapies familiales passent par l'étude ultra-fine des mouvements corporels et des contacts physiques.

L'ouvrage de Martine Montalescot constitue, à sa manière très spécifique, un outil mis au service de cette aspiration collective à une écologie de l'esprit. Il propose les voies et moyens d'un équilibrage des impacts informationnels et des communications abstraites ou virtuelles.

À sa place de praticienne, Martine Montalescot réhabilite une communication originelle, ancienne et traditionnelle au meilleur sens du terme. Elle permet de redécouvrir une culture subtile de la relation interpersonnelle; culture qui ne passe pas par des artefacts, mais par les outils naturels du corps, qui ne tire pas son énergie d'une génératrice électrique mais, plus simplement – et plus difficilement –, de l'empathie qu'éprouve un être humain pour un autre.

Cet ouvrage ne se veut pas un manuel pratique ni le mode d'emploi d'une technique toute faite, ficelée une fois pour toutes. Il ne s'agit pas non plus d'une réflexion philosophique abstraite. Le lecteur découvrira ici l'expression d'une expérience concrète, mille fois validée en cabinet de consultant.

Platonicienne instinctive, Martine Montalescot aime dire que ce livre lui a été dicté par la vie. D'où sa chaleur communicative, à travers images, métaphores, néologismes et liberté de style. Ici, le message est véritablement incarné. S'il s'adresse surtout aux soignants, il concerne néanmoins tous les publics. Nous sommes tous des soignés en puissance!

La connaissance de cette science majuscule, le *toucher* relationnel, fera de nous des soignés différents, conscients de leurs attentes; conscients aussi du challenge psychologique qu'il représente pour chaque soignant. Des soignés mieux portants, par conséquent!

G. Chandès.
(Maître de conférences en sciences de l'Information et de la Communication.)

CHAPITRE I

Les raisons d'une approche différente pour un *toucher* autre

CET essai sur le (et à partir du) *toucher* recouvre plusieurs aspects. Il est à la fois interrogatif, informatif, éducatif et philosophique. Dans un même temps, il expose ce qu'est le *toucher* en matière d'énergie et de communication, et apporte aux soignants les outils de leur sécurité, de leur équilibre et de leur juste place… ainsi qu'un écho à leur pratique ; le tout en redéfinissant ce qu'est un malade et le rapport avec ce malade.

Il s'agit donc de la synthèse d'une préparation à l'utilisation et à l'expérience de ce moyen noble, de ce contact privilégié que représente le *toucher*.

Cette synthèse est le fruit d'années d'expérience et de travail personnel, de rencontres, d'écoute, d'accompagnement et d'accueil, de recueil de témoignages de soignants et/ou souffrants. Les éléments apportés en appellent à la conscience, à la responsabilité, à la liberté et à l'ouverture de chacun.

Le *toucher* est affaire subtile – affaire de vie.

Je ne peux vous en parler qu'à partir de mon ressenti, autrement dit de mon feeling, de mon écoute, de mon expérience et de mon vécu.

De la façon dont il est traité ici, le *toucher* est également examiné (outre l'énergie et la communication) en termes de sens, selon les deux points de vue du soignant et du soigné, tels que je les ai perçus ou constatés à travers les histoires de vie qu'il m'a été donné de rencontrer.

Le *toucher* est considéré aux niveaux de ses conditions, de ses modalités et de ses impacts. Dans ces domaines, les « Y a qu'a », « Faut que », « Faut qu'on », « On aurait dû »... ne sont pas de mise !

Seule doit demeurer la nécessité de se donner, d'être soi, pour être en adéquation face à l'autre, pour vivre et oser vivre le *toucher !*

Dès lors, celui-ci se révèle être :

- ➢ Un moyen précieux, extraordinaire par sa capacité de contact et de réparation.
- ➢ Un « facilitateur » d'échange, de partage et de rencontre.
- ➢ Une ouverture à la vie, sinon à la guérison, à l'acceptation de soi et à la reconnaissance de l'autre.
- ➢ Un renforçateur de vie dans les cas difficiles.
- ➢ Un élément découvrant le corps du touché et celui du toucheur.
- ➢ Un geste d'amour lorsqu'il est librement offert.
- ➢ La parole de l'âme, qui en dit plus qu'un long discours.
- ➢ La chaleur du cœur donnée par celui qui écoute à celui qui est dans le froid.
- ➢ Le simple retrouvé, chez un être torturé par la douleur, la souffrance, ou la difficulté de devenir et d'être.

Il s'associe ou s'additionne au geste médical.

1. L'alerte ou l'alarme ?

Les temps changent et les vrais besoins se manifestent. À l'heure où tant de techniques majeures se développent, tant de pauvreté personnelle est inacceptable ; surtout lorsque l'on connaît l'humanité naturelle que chacun porte en lui, sans oser la manifester.

Mais, aujourd'hui, les soignants sonnent l'alarme pour rappeler à chacun d'entre nous que nous existons en tant qu'individus, conscients et humains, et que nier cette vérité, c'est nier la souffrance ; c'est se renier et se priver du droit d'être. Cette situation est fort regrettable car elle augmente sans cesse le nombre des souffrants !

Sans parler des soignants eux-mêmes qui, de plus en plus sollicités par un travail où la souffrance est permanente et saisissante, souffrent d'une fatigue accumulée. Ils subissent les conséquences de leur implication excessive et de leur difficulté à trouver leur juste place. Certains se chargent du fardeau de leur patient ; ils fuient, se renient, et deviennent inaccessibles à tous, tant à eux-mêmes qu'à leurs proches, car ce qui se vit dans la vie professionnelle déteint sur la vie privée. Ils rentrent alors chez eux accablés par tout ce poids, et s'effondrent à leur tour faute d'un soutien adapté à leur comportement. Néanmoins, ils sont dans l'obligation de faire face à leurs propres engagements et responsabilités.

La liste de leurs maux est longue. Ils sont souvent victimes de :

- Leur choix d'être présents face au souffrant, devant la défaillance et/ou la fuite de la famille.
- Leur propre dérobade censée les protéger.
- Leur fermeture qui les isole et les coupe du monde extérieur.
- L'indifférence dont ils font preuve pour garder une certaine distance.
- Les « barricades » qu'ils ont dû lever pour ne pas faiblir devant tant de détresse.
- Leur impuissance face à la souffrance, à la douleur et à la mort – lorsqu'ils participent activement à un accompagnement difficile, cruel et émouvant – qu'ils ne savent trop comment aborder.

D'une manière générale, ils ne sont pas suffisamment formés à la relation d'aide, à l'accompagnement, à la gestion de la relation humaine avec les souffrants et à la fin de vie.

Pendant leurs études, on leur a bien appris le fonctionnement physiologique de l'être humain, mais la relation à l'homme, les interactions et les interrelations entre soignants et soignés – ainsi que leurs impacts sur le corps et les soins – n'ont été traitées que de façon superficielle.

Le soignant risque alors de devenir un corps-outil, un corps-objet qui posera le même regard sur ses collègues que sur les soignés. Il entretiendra une peur du contact dont il tentera de se défaire, ce qui, de façon certaine, dénaturera les relations humaines. Une distance s'installera qui contraindra le soignant à endosser des carapaces se renforçant et se superposant.

Progressivement, il perdra tout contact avec son patient ; ils ne seront plus en relation. Il perdra également un énorme pourcentage de bien-être dans son quotidien et passera à côté d'informations précieuses, qui feront aussi défaut au patient. Quant aux soins eux-mêmes, ils verront leur qualité baisser. Peut-on, dans ces conditions, parler de respect ?

Le personnel soignant, dans son ensemble, reçoit et porte une souffrance ressentie par le patient qui, dans toute sa faiblesse, subit le poids de ces refus, de ces regrets et de ces dénis qu'il supportera à son tour.

Dès lors, on assistera à une attente aiguë ou à un repli sur soi de la part du soigné, qui engendrera un encombrement et une surdemande pour les infirmiers et l'équipe dans son entier. Si les soignants craquent, qui les remplacera ? Comment vivra le malade ?

S'il n'est pas rapidement retourné en ouverture à l'évolution – en application d'une certaine éthique, celle de vivre son humanité –, ce sera un voyage vers l'involution !

Cette humanité – qui est présente en chacun de nous et qui ne demande qu'à être utilisée – est force de vie, de devenir et de propulsion vers un avenir meilleur.

Osez vivre cette humanité,
osez être ce que vous êtes,
osez vivre avec ce que vous êtes,
osez vous en servir.

Les soignants, las de se fermer ou de fuir, exaspérés par un perpétuel don d'eux-mêmes, ont besoin de plus d'humanité, de contacts vrais, de rapports francs et simples, de sincérité... Pour vivre une relation soignants/soignés sereine, ils doivent se libérer du carcan imposé par des idées périmées ; cela dans l'intérêt même du soigné !

Vivre, s'autoriser son humanité et l'expression de son cœur, c'est ne pas se sentir gêné devant les réticences, les remarques ou les étonnements de certains confrères qui clouent au pilori ce qui existe et s'exprime encore.

C'est ne pas se sentir gêné devant ces soignants qui se dissimulent sous une force apparente car, en réalité, elle n'est chez eux qu'une marque de volonté, de pouvoir et de manipulation, un masque qu'ils s'appliquent désespérément dans le but de cacher leur propre humanité bloquée. Ce sont ces dragons que personne n'ose affronter, par crainte de s'attirer les foudres de guerre !

Et pourtant, il suffit de peu ; il suffit d'oser ! Et alors le médecin ou le soignant se sentira beaucoup plus respecté ! Il se vivra avec plus d'assurance et découvrira une mine d'or de détails qui lui faciliteront diagnostics et traitements. Très vite, il observera que le service lui-même s'anime de façon différente, que les tensions y sont nettement diminuées et que le personnel peut enfin se baser sur de nouvelles valeurs ; la vie s'écoulera alors plus librement au bénéfice de tous.

Est-il nécessaire de souligner la différence de la qualité relationnelle et son intérêt ? Oui, si l'on sait qu'un bon tiers, parfois même la moitié de la vie du soignant se passe au travail, et que cette amélioration ira dans le sens de la guérison des patients hypersensibles à toute marque de respect.

Droits et devoirs, obligations et privilèges propres à une tâche, nous rappellent sans cesse que l'on ne peut séparer la technique de l'humain. Le soin n'est complet qu'ainsi.

2. *Toucher* thérapeutique ou non ?

Nous ne tenons pas à soulever un débat sur ce sujet, mais il demande néanmoins à être traité ; c'est pourquoi nous nous cantonnerons seulement à l'essentiel.

Un *toucher* est partie prenante de la relation, car inévitable à un moment ou à un autre. Il est indispensable au diagnostic, à la préparation, à l'intervention et aux soins.

Un *toucher* est partie prenante d'une thérapie, tant dans la démarche de soin que dans l'accompagnement et, plus simplement, dans l'ensemble du système relationnel au quotidien. Par définition, un *toucher* approprié conforte, raffermit, renforce et rend plus solide ; il est donc vivant, actif et, à ce titre, thérapeutique.

En lui-même et par son action, il représente un complément efficace parmi les thérapies possibles, telle la kinésiothérapie, la sophrologie, l'ostéopathie, les massages, le travail sur soi…

Le reconnaître, c'est :

➢ Lui redonner plus de sens, pour que la vie s'exprime en l'homme et le guérisse (au sens le plus large du terme).

Le nier, ou s'en réserver l'exclusivité, c'est :

➢ Abuser et se détourner du sens de la vie elle-même.

➢ Nier le sentiment (le senti) de la nécessité du contact et de la relation.

➢ S'obliger à la solitude, et se couper de l'humanité.

➢ Condamner l'être.

➢ Mourir à court terme (morts spirituelle, énergétique, psychique, puis physique).

Le *toucher* est un soin concret et, à ce titre, il soigne. Pourquoi se demander s'il est thérapeutique ou non, puisqu'il concerne à la fois l'âme, le cœur, l'énergie et, par voie de conséquence, la souffrance et la douleur ? Ces divers sentiments étant tous intimement liés, il embrasse l'être dans sa globalité ; l'intégrer dans le soin médical redore son blason en le resituant à sa juste place. Le connaître, le diffuser, le dispenser, ne fait pas de lui un acte de dépendance, mais un acte de délivrance et d'autonomie.

À ce propos, il est bon de rappeler cette règle :

> ***Tout toucher – volontaire et conscient –,***
> ***posé avec esprit de pouvoir, de prise, de forçage,***
> ***de manipulation, est nocif, voire dangereux,***
> ***pour celui qui le reçoit, comme pour celui qui l'émet.***

« Ne fais pas à autrui ce que tu ne veux pas qu'on te fasse à toi-même » et, par extension, « Fais-toi à toi-même ce que tu ferais à autrui. »

Même totalement inapparente, la violence fait partie intégrante de notre vie. Elle se manifeste partout, et dénote une souffrance et une grande détresse. Les actes délictueux, indélicats, sont autant d'appels au secours soulignant l'incapacité du soignant à s'exprimer par lui-même et à trouver une porte de sortie vers la libération, alors que, par indifférence ou par lâcheté, les témoins laissent faire.

Trop de soignants se trouvent en état de détresse – du chirurgien à l'aide-soignant(e) – sans qu'aucune aide réelle ne leur soit vraiment apportée, mis à part de timides essais. Et pourtant, une démarche de soutien et d'échange s'impose vraiment devant l'urgence de la situation. Il conviendrait tout d'abord de prendre conscience des abus, puis de favoriser l'accès au soignant vers une remise en question et des soins appropriés. Traiter le mal avant la casse qui ne tardera pas serait plus sage, plus honnête et plus prévoyant.

Ce n'est plus le moment de tergiverser, car les choses évoluent trop vite. En effet, on constate en cette fin de siècle que la difficulté à vivre s'intensifie de façon considérable.

Œuvrer directement sur les lieux de souffrance et en traiter ses effets requiert, pour l'équipe soignante, non seulement des soins, mais aussi de l'écoute, du partage et un soutien éventuel. Pour faire face, elle doit avoir la possibilité de se faire entendre afin d'être libre et disponible ; elle doit connaître, savoir et oser additionner des points d'équilibre.

Il convient en tant que soignant de s'interroger sur les différentes réflexions suivantes :

➢ La manière avec laquelle je pose ma main, avec quelles intention et attention ?

➢ Le regard que je porte sur le corps de l'autre et sur mon corps.

➢ La façon dont je vis, moi, un *toucher*. Que suis-je capable de recevoir, d'accepter d'un *toucher ?*

➢ L'intensité (qui pourra blesser), ou la douceur (qui apaisera), lorsque je pose ma(mes) main(s), fût-ce au travers du gant et/ou de la serviette, ou en faisant le lit.

➢ Le message qui passe par mes actes, mes déplacements.

➢ La façon dont je me vis dans mon travail : suis-je libre et volontaire pour y être vraiment ?

➢ Le regard que je porte sur une éventuelle obligation d'être là, et donc de travailler avec « ceux-là » et de toucher « ceux-ci ».

Ces diverses interrogations auront pour conséquence de m'éclairer sur l'art de conduire ce *toucher*, et sur ce qu'il va me faire vivre. Si je suis et me vis comme débordant d'amour, saurai-je vraiment toucher sans envahir, et donner sans déborder ? Saurai-je être présent sans m'imposer ou me satisfaire en premier ? Si je m'impose de vivre ce travail, comment puis-je réaliser un soin sans une virulence peu ou prou cachée – ressentie par moi et perçue par l'autre –, sans une main dure et froide, qui blesse ?

En refusant toute communication avec les autres, même si je pense être dans le vrai et que je crois savoir toucher, à court terme, je serai mal intérieurement et donc en danger.

En me coupant dans ma communication, ou en ne la réservant qu'à une certaine catégorie de personnes – notamment les êtres en détresse – je cours le risque de déraper, car il s'agira d'une relation à sens unique dans laquelle je serai seul à donner, puisque incapable de recevoir. Dans ce cas, serai-je à même de ne pas me cantonner à un rôle de sauveur ? Je pense que non. Au contraire, je ne serai dès lors ni intègre, ni entier, ni présent à moi-même et encore moins présent à l'autre.

De la santé du soignant à la santé du soigné

Pour résoudre l'équation ci-dessus, on doit tenir compte en priorité de l'équilibre du soignant. C'est cette apparente logique qu'il convient de remettre en évidence.

Oser se reconsidérer dans sa pratique de soins, en y incluant une meilleure qualité relationnelle, permet d'ouvrir le volet du contact avec soi-même, favorise et induit une reconnaissance de soi et de l'autre, et augmente son estime personnelle, ainsi que sa confiance en ses possibilités. En même temps, cette attitude rééquilibre les éléments de la relation, dans le respect de soi et celui de l'autre.

Cette nouvelle capacité d'être du soignant, cette nouvelle force tranquille qu'il dégage – ni trop ouvert ni trop fermé – entraîne le soigné dans une spirale de mieux-être, de mieux-vivre, voire de moins-souffrir. Tout sous-entendu (et interférence) aura disparu, puisque l'intention du soignant sera claire.

CHAPITRE II

Les bases de cette nouvelle approche du *toucher*

IL est évident que lorsque l'on pratique le *toucher,* on se trouve face à trois éléments primordiaux qui sont : soi, l'autre et la relation qui se noue entre les deux. Il est alors utile, nécessaire et précieux – tant pour son propre équilibre que pour celui de l'autre –, d'apprivoiser cette forme de communication.

Développer l'ouverture au *toucher* – contact que l'on vit et que l'on pose – permet d'acquérir la conscience de soi, tous deux étant intimement liés. La connaissance des états d'être définira alors la juste place à tenir dans une relation d'aide, et ce *toucher en conscience* se transformera en un *toucher-énergie.*

Pour mieux comprendre le sens et la nécessité de ce *toucher-énergie,* il me paraît indispensable de souligner certains points, lesquels me sont apparus comme des déclencheurs d'états de souffrance en général. Dans ces cas, grâce au *toucher,* cette souffrance pourra être atténuée, voire supprimée.

1. Fractures de l'être et maladies

Certaines séquelles de chocs violents – naissance difficile, accident accompagné de graves blessures, opération sans anesthésie, vécu de deuils très douloureux et non « placés »... – peuvent être bien présentes en nous, tout en passant totalement inaperçues au regard des autres. Si l'on n'y prête pas attention, si l'on s'arrête uniquement aux apparences sans chercher au-delà, la personne concernée ne sera alors pas entendue dans ses souffrances, pas soutenue dans son combat face à la vie.

Elle vivra avec cette déchirure, telle une faille invisible mais pourtant si présente, recherchant sa vie durant : secours, paix, aide et globalisation, en faisant abstraction de son véritable désir, puisqu'en fait elle souhaite la réparation et la réconciliation de son corps énergétique.

Elle se situera alors dans une sorte de *sur-vie* ou, au contraire, de *non-vie,* ou bien encore oscillera de l'une à l'autre sans jamais pouvoir se reposer ni savoir se poser. L'une (le top-niveau) entraînera un stress maximum, l'autre (la léthargie) conduira à la dépression. Le relationnel restera toujours aussi chaotique, et l'affectif sera désordonné, houleux et douloureux.

L'âme, la chair et le corps continueront de souffrir du même manque : l'absence de cette consolidation qui rendrait l'être enfin stable.

Et pourtant, combien de recherches, de luttes acharnées et d'efforts incessants ont-ils été engagés dans l'unique but de réussir à pseudo-vivre. Malheureusement, l'intensité de cet acharnement à vivre aura pour conséquence ses contraires, c'est-à-dire des vides absolus, de pesantes angoisses, des désirs impossibles et des sensations de lourdeur écrasante... Ce sera toujours ce même manque à être, du fait de l'absence de réponse et du manque d'aide émanant de personnes-ressources, compétentes en la matière.

La personne concernée éprouvera une constante difficulté à s'essayer à vivre, car demeurer dans l'éternelle attente de pouvoir « rentrer » en soi, de pouvoir être soi et de vivre en unité, équivaut à s'installer dans l'attente d'un *reconnectage,* avec la vision quotidienne d'une vie, que la conscience, dans sa mobilité, rend à la fois possible et hors d'atteinte. Seules les clefs manquent !

Mais un jour, un être – fort de son charisme, de sa puissante réalité énergétique, ou de son côté paisible, agréable et rassurant – s'approchera. Il jouera alors le rôle de surhomme ou de nounours, de surfemme ou de nounou, suivant ce que l'autre attend de lui, et deviendra cocon protecteur.

L'être en attente, éprouvant alors le sentiment du soulagement de l'« enfin-trouvé », se placera sous sa dépendance, persuadé que celui-ci est la solution de « réparation » qu'il attend depuis fort longtemps. Ainsi « reçu », il fera tomber une à une toutes ses barrières et ses durcissements, et osera enfin dépasser ses peurs et son angoisse du risque. On assistera alors à une re-naissance, mais l'être abîmé conservera néanmoins une vulnérabilité propre au nouveau-né.

Cet être sans défense, qui risque d'être meurtri au moindre choc, qu'un rien peut briser ou fortifier, sera constamment la proie de tout bouleversement.

En effet, il existe une différence fondamentale entre être accompagné dans sa reconstruction, c'est-à-dire renaître en puisant en soi la force d'exister, et s'abandonner totalement à l'autre, qui s'empare alors des rênes de votre vie, pour la diriger, devenant alors maître et sauveur.

Dans le second cas, la réparation ne sera, pour l'être en attente, que dissimulation de la fissure ; fissure qui ne tardera pas à réapparaître à la moindre alerte, parfois plus profonde, voire plus dévastatrice.

Il est utile de préciser que ces êtres-là, dont l'état de fragilité est intensifié, encourent des risques majeurs car, bien souvent, l'ensemble de leurs défenses sont tombées, y compris celles immunitaires. Les souffrances initiales alors réactivées réattaqueront les points sensibles, et leur impact sera tel que le corps ne parlera plus, mais il criera. Car, plus nous sommes sourds à sa parole, plus les appels du corps se font pressants. C'est sa façon à lui de se montrer, de vous montrer ; de tirer la sonnette d'alarme !

La conscience ayant été occultée par des années pendant lesquelles il a fallu faire face, le souvenir du mal étant déjà si lointain et l'être si fatigué, seul le corps reste encore capable de transmettre le message. Hélas, trop souvent, il se manifestera par des affections diverses – cancers ou maladies graves – qui couvaient comme le feu sous la cendre, et qui se déclareront parce que l'être n'aura pas pu, ou n'aura pas su, renaître par lui-même.

Toutefois, cette limite extrême n'est pas toujours atteinte et, fort heureusement, il existe d'autres issues. La phase *chance*, par exemple, durant laquelle on assiste à un véritable autosauvetage – qui se traduit par un travail sur soi permettant à l'être de récupérer sa vitalité et de réparer ses énergies pour accéder enfin à une globalisation de sa personne –, est l'une d'elles.

On comprend aisément l'effet d'un *trop toucher*, quel qu'il soit, ou d'un *manque de toucher* et, à ce stade, le pourquoi *toucher* et le comment *toucher* deviennent limpides. L'accompagnement est alors tellement important, qu'il ne peut que relever d'une éthique impliquant l'autonomie, la responsabilité personnelle, la reprise en main de ses désirs, des choix particuliers et nécessaires à la mise en place de son propre devenir.

C'est d'ailleurs la raison pour laquelle les rendez-vous obligés et décidés à l'avance par le thérapeute, sauf dans quelques cas rares et limites, peuvent défaire le travail effectué en entretien, en le niant : la prise arbitraire du rendez-vous s'opposant alors au travail par le patient de récupération de son autonomie : qu'il perdra peu à peu.

Ce n'est qu'à son rythme qu'il parvient à la récupérer ; c'est pas à pas, comme il le peut, qu'il renaît et se consolide.

Lorsque l'être ressent qu'il a enfin accès à ses propres forces – forces qu'il manifestait souvent par des dérives (colères, peurs, ou passage d'un processus de vie à un processus de mort), forces à la fois dormant et bouillonnant en lui, faute d'être utilisées convenablement –, les progrès sont alors considérables.

Il vit en conscience ce travail de réparation – qui lui fera retrouver son origine, son être intérieur, et le conduira vers le chemin de la découverte du sens de sa vie – et, à ce moment précis, il sait qu'il peut exister, même si pour cela il a dû effectuer un apprentissage, voire un apprivoisement de lui-même.

Subitement, tout en lui et autour de lui a changé, de même le sens du temps, du faire et de l'agir. Il est devenu en tout point différent, et vit par conséquent de façon différente dans sa vérité retrouvée, chaque jour s'affirmant; il demeure en plein accord avec lui-même.

La prise de conscience de certains faits et évidences facilite la perception et l'acceptation de notre propre capacité à être et à agir, en tant que personne disposant de tous les éléments issus de l'exploitation de ses dimensions, de l'utilisation de son entière sensorialité.

2. Soi, l'autre et la relation : quelques repères en *toucher*

a) Ne pas se nier, pour ne pas nier l'autre

Même brisé, perdu et à bout de forces, l'être en détresse saura percevoir si vous vous présentez à lui tel que vous êtes réellement, ou tel que vous voulez paraître. (Cela est d'autant plus vérifiable chez les personnes en phase terminale [autrement dit en fin de vie], et notamment chez les malades mentaux qui sont particulièrement intuitifs.)

C'est pourquoi, pour donner plus de force à sa vérité, il convient de ne pas lui cacher la réalité; il ressentirait cette dissimulation, vous démasquerait et vous rejetterait, car le mensonge exclut la confiance.

Hypersensible et hyperréceptif, notamment à la peur du soignant, à sa prise de distance, peut-être même à son rejet, il ne s'y trompera pas et s'isolera plus encore, dans sa bulle, derrière ses murs, dans sa prison...

Sa lucidité et sa difficulté à l'assumer étant si grandes, il se retrouve trop vite et trop souvent enfermé par des *bonbons-brouillard* ou dans des services qui ne proposent pas une gamme de soins suffisamment complète.

b) Redonnons à l'autre sa vérité

Redonner à l'autre sa vérité, c'est lui redonner l'accès à lui-même, à sa vie, à sa dignité; c'est le *toucher* pour le rencontrer, et le faire *se toucher* pour qu'il prenne contact avec lui-même, qu'il se sente exister, et s'en donne ainsi la preuve.

C'est pourquoi, on parle ici du *toucher-communication.*

Il est certain qu'oser *toucher,* c'est prendre un risque, celui de se laisser *toucher,* mais c'est aussi en tirer des avantages.

Le risque principal du *toucher* est de se retrouver face à soi-même, à sa capacité d'être… à communiquer. Chaque personne vivant dans sa différence, la règle fondamentale du *toucher* est de constamment s'adapter, mais en restant toujours soi-même pour se retrouver encore plus.

Pour qu'un *toucher-communication* s'effectue dans de bonnes conditions, votre expérience et votre capacité à être présent à vous-même et à l'autre sont primordiales. L'évitement et l'économie de vos acquis, de même que toute formation de type intellectuel, toute analyse et découverte, ne suffiront pas à vous rendre apte à cette pratique.

Seul un apprentissage long et progressif du *toucher* permet d'acquérir l'expérience nécessaire qui engendrera la confiance en soi, afin d'être centré et ancré… d'être à l'aise avec soi-même.

Comme nous l'avons vu, le *toucher-communication* peut être risqué, mais il peut être aussi dérangeant pour certains.

En effet, n'est-il pas étrange que règne en la matière une telle ignorance, lorsque l'on connaît toutes les conséquences que cette pratique peut avoir sur la communication !

Qui peut vraiment déterminer les pathologies liées au manque ou à l'abus de *toucher?* Qui oserait chiffrer les conséquences financières de ces pathologies sur le marché ? En considérant le coût quasi nul du *toucher* quels seraient les gains entraînés pour le soignant et le soigné ?

L'utilisation du *toucher* en complément des thérapies usuelles permettrait, au minimum, une reconnaissance porteuse de mieux-être, de meilleure santé et de salubrité.

c) Quelques conséquences d'absence de *toucher,* d'un mal *toucher,* ou d'un trop *toucher*

Les conséquences d'absence de *toucher,* d'un mal *toucher* ou d'un trop *toucher* sont nombreuses. La principale est une affirmation de soi difficile due au manque de reconnaissance. C'est ainsi qu'un sentiment de mésestime, de méfiance, un état de doute, des difficultés d'intégration au sein de groupes ainsi que des problèmes surgissant lors de choix personnels ou d'engagement... peuvent être à l'origine de comportements agressifs voire insultants.

En fait, celui qui n'a pas connu de globalisation par le *toucher* est souvent surtendu (en attente), écartelé, déchiré, perdu, absent, dispersé, ou en fuite. Il lui sera difficile d'assumer alors des responsabilités, car il passera par des périodes d'échec, d'épuisement ou, au contraire, de surexcitation. Il aura tendance à envahir, à déborder, à s'imposer et à se livrer à toutes sortes de manipulations.

Les incidences directes, tant sur la vie familiale, que sociale ou professionnelle de cette personne, sont nombreuses. De plus, tout cela coûte fort cher à la collectivité !

De plus, lorsque ce type de sujet, à tendance parasitaire, rencontre une autre personne, il risque de faire éclater son unité, de la bousculer, la perturber, la provoquer ou l'anéantir. Il l'envahira littéralement, ne connaissant pas de limites dans sa recherche d'un cocon, d'un nid où il pourra s'installer après en avoir chassé l'occupant.

Moins grave mais tout aussi problématique, la victime éventuelle demeura dans sa bulle, isolée, enfermée non pas dans ses murs de béton, comme peut l'être l'individu agressif, mais dans de la ouate qui l'isolera de tous, et la cantonnera dans son monde, avec le mal-être et le cortège de maladies et de problèmes relationnels qui en découlent.

Mon vœu le plus cher à l'aube des années 2000 serait de voir, dans les chambres de patients en difficulté, une *toucheuse* ou un *toucheur* reconnus, acceptés par l'équipe soignante comme étant capables de pratiquer, d'apaiser et de dénouer. Des *toucheurs* qui enseigneraient aux membres du service hospitalier que la valeur intrinsèque de cette technique la rend accessible à tous.

À chacun sa place et sa compétence, n'est-ce pas ? Mais encore faudrait-il examiner celle que l'on se donne, celle que l'on s'autorise à prendre, celle que l'on interdit aux autres et celles issues de l'inné et de l'acquis.

Le but n'est en aucun cas de séparer la fonction *toucher* des autres fonctions, mais simplement de l'inclure dans le soin, en laissant à chacun la possibilité de la vivre à son rythme et de s'ouvrir à cette *science majuscule,* complémentaire et indispensable au soin médical et, surtout, en se rappelant que chacun a ses aptitudes personnelles, qu'elles lui sont propres et que, partant de ses performances, il peut former les autres.

Associer ainsi les forces permet un travail meilleur, plus riche, dans une atmosphère plus sereine. C'est offrir aux patients, aux malades, un service plus adapté à leurs besoins.

d) *Toucher,* c'est établir une communication plus large avec soi-même et avec les autres

La communication n'est-elle pas une question d'énergie ? Comment un soignant peut-il la gérer en matière de santé ?

Avec l'expérience, le soignant découvre l'intérêt de vivre ce *toucher* et de l'inclure dans le soin. Très vite, il pourra en retirer des bénéfices sur le plan de la qualité de vie, qui se trouve largement améliorée ; bénéfices d'autant plus importants que seront simplifiés le soin, l'approche du soigné, et la rencontre avec lui.

Mais il est important, sinon capital, de ne jamais précipiter son *toucher;* de ne jamais l'imposer à quiconque, ni de se l'imposer à soi-même.

Au départ, il est indispensable de savoir comment je me vis, comment je me place et me déplace, qui je suis et ce que je pose dans la relation en tant que soignant (« soi-niant » et « soi-nié »).

À terme, je devrai avoir confiance dans mon ressenti et agir en ce sens.

Si je relâche ma vigilance, je peux très facilement me perdre dans le *toucher,* être happé, vidé, emmêlé avec l'autre. Dans le cas d'accompagnement de fin de vie, je risque même d'y laisser une partie de moi-même, ou d'en revenir parcellisé.

Si je m'oublie, je peux aussi faire du mal à l'autre, le bousculer un peu trop, le déstabiliser, le déstructurer; lui donner à croire qu'il existe une réponse à ses désirs, provoquer chez lui des réactions physiques de défense, de rejet, de refus, de fermeture... et, au lieu d'œuvrer dans le sens du rétablissement, je compliquerai son état et le ferai ainsi s'enliser davantage dans la maladie. Ne dit-on pas : « Qui trop embrasse mal étreint. »

Si je ne suis pas moi, si j'ai peur, si je me retiens, si je fuis, si je joue, si je me contrains, le soigné en souffrance, dans son extrême sensibilité, dans sa lucidité, en sera aussitôt informé (la moindre action faisant déclic en lui) ; il perdra alors la confiance qu'il avait mise en moi.

Dans ce cas, j'aurai beau jeu de jongler avec des techniques, celles-ci seront vides de sens. Elles ne feront que dévoiler ma supercherie, et montreront au grand jour que je me cachais sous l'emblème d'un pouvoir et d'une manipulation.

e) Oser un *toucher* au moment juste

➥ Je suis dans le moins :

Si je me retiens, me limite, m'inscris dans un champ faux, si je charge la situation de forces déstabilisantes, l'autre, en réaction, ne peut que tenter de s'ouvrir et de me faire ouvrir, de se fermer et de s'éloigner, ou de me chercher et de trop s'avancer, car il a besoin de la rencontre.

Prendre le temps de se mettre en énergie douce,
prendre le temps de se centrer et de s'ancrer,
prendre le temps d'écouter avant de toucher,
prendre le temps de vivre ce toucher, pas plus !
Et surtout, ne pas toucher si l'on n'a pas le ressenti.

➥ **Je suis dans le trop :**

Si je cours trop vite dans un *toucher,* le rendant ainsi trop fort. Si je passe totalement à côté de l'autre, et que je m'efface, croyant et voulant être trop présent. Ce trop, alors, pourra être de trop aussi pour l'autre ; il pourra le blesser et être pour moi l'occasion de me réduire.

Le *toucher* se fait en énergie douce, c'est-à-dire en posant doucement la main, en ne la laissant ni plus ni moins que le temps nécessaire, et en la retirant très délicatement, doucement, sans créer de rupture, de coupure, ni d'autres déchirures.

Il se peut qu'on ne puisse pas toucher avec la main, peut-être parce que l'autre a été abusé, envahi ou violenté, déjà cassé par un *toucher.* Peut-être aussi n'est-il pas prêt à ce contact qui n'est pas encore possible.

Dans ces cas-là, vous toucherez autrement.

➥ **Par votre regard :**

Celui d'un être qui vit sur son identité, qui se fait confiance, qui est dans sa sécurité, dans son centrage et son ancrage. Ce regard-là touchera l'autre, l'unifiera, le rencontrera, le globalisera et le réconciliera. Cela peut être la seule façon de *toucher* un être, par ailleurs intouchable.

➥ **Par le toucher des pieds :**

J'insisterai sur cet autre *toucher.* Il permet et facilite l'ancrage, cet élément sans lequel il ne peut y avoir de centrage et sans qui le malade aurait bien du mal à gérer sa vie, son équilibre, donc sa santé.

Les difficultés de la vie, et celles inhérentes au désancrage (genre fuites, évasions, évitements, non-concentration, non-réalisation), ne seront évidemment pas faciles à résoudre pour ceux qui en souffrent. Leur masser les pieds, autant que leur apprendre à le faire, les aidera à prendre corps, à intégrer cette corporalité et à vivre leur sensorialité, à atterrir. Peu à peu, ils pourront ren-

trer en contact avec eux-mêmes et maintenir ce contact de plus en plus longtemps.
Se toucher soi-même, se reconnaître dans son espace corporel, habiter son corps, l'écouter, combien peu le font et sont surpris de ne pouvoir recevoir ou donner un *toucher.* Ils s'étonnent aussi d'une vague impression de passer à côté des choses, d'être en dehors. Ils ne sont pas en eux !

➥ **Par votre parole :**

Elle ne touchera que bien placée, c'est-à-dire que si les mots sont vrais, s'ils viennent du cœur, de votre simplicité.

➥ **Par votre façon de vous mouvoir et d'écouter l'autre :**

La manière d'entrer, délicatement, respectueusement, et non en intrus ou en force, montrera votre écoute respectueuse de l'autre, de son dire. Tout peut toucher le souffrant, dès lors que vous vous respectez et que vous le respectez.

➥ **Par le silence :**

Le silence représente un plus qui pourrait bien servir de préambule. Apprendre à vivre avec le silence, à s'y déplacer, à s'y placer, à s'y aimer, à s'y sentir libre, pour être à l'aise avec soi-même, pour être à l'aise face au silence de l'autre, pour l'entendre au-delà des mots, en l'acceptant, dans ce qu'il est et ce qu'il vit.

➥ **Par votre état d'écoute :**

«Je suis là, j'entends, tu peux te dire... Je n'interprète ni ne juge... Je t'écoute, tu me parles, et ça peut me parler, le temps d'un soin. Peut-être parce que personne autour de toi n'a su le faire, n'a pris le temps ou le soin de te le donner..., depuis si longtemps..., ou parce que tu n'as pas su, ou voulu, oser te dire, ou que tes dires étaient niés, rejetés, refusés... Tu es là pour ça : te dire si tu en as envie ou besoin. C'est ton histoire, ton choix, ta liberté.»

Combien sont-ils ces hospitalisés en vacance de leur quotidien, ceux-là mêmes qui ont fui leurs luttes, qui sont en prison d'eux-mêmes… et qui, dans le silence de ce recul, crient : « Au secours ! Occupez-vous de moi ! » car moi, « Je ne sais plus, je me suis perdu »… « et plus personne autour de moi ne me supporte », « n'a su me porter », « ne m'aide à me porter pour m'apprendre à me retrouver » ?

Combien parmi eux ont eu la chance d'être réparés non pas uniquement par le soin médical, mais aussi par la relation qu'ils ont pu entretenir avec les personnes prodiguant le(s) soin(s). Grâce à une communication véritable avec l'aide-soignant(e), le brancardier ou l'infirmier(ère), ceux-là auront vécu un contact de personne à personne sans lequel aucune remise à portée d'eux-mêmes, aucune rencontre avec eux-mêmes ne serait possible ; ils auront retrouvé la vie et le sens de leur vie en permettant à leurs propres forces de jaillir.

3. L'état d'être, une clef !

Si je demeure dans le vouloir et le pouvoir, dans un esprit et une interprétation fragmentée, parce qu'il me manque une part vivante coupée de moi (qui n'est autre que mon humanité et mon ressenti), il est urgent que je place l'intégralité de mon être dans un état de paix, dans un état d'amour. Sinon, face à l'autre, je n'aurai pas accès à toutes les données, et il me sera impossible d'en retirer la synthèse pour lui répondre de façon adéquate.

Il s'agit en fait d'être bien présent, entier, dans ce que j'appelle l'intégrité à tous les niveaux. Ainsi, au lieu de porter l'autre, ce qui amoindrirait sa capacité de vie mais également la mienne, je serai son accompagnateur, le rendant à lui-même. Je devrai rester à côté, en face ou en phase, mais pas en lui, ni lui en moi !

Ainsi, tout comme moi, l'autre sera à même de ressentir pleinement ses forces et ses capacités, son potentiel et sa responsabilité, sa liberté et la possibilité de poser son choix. En conséquence, il sera apte à créer sa vie, à en devenir l'acteur ; il sera rendu à son devenir.

a) Pourquoi un état d'être est-il nécessaire et prémunit-il de tout dérapage ?

Parce qu'il engendre un état de conscience permettant à l'autre de vivre la rencontre à son niveau le plus juste, l'état d'être est nécessaire. En l'atteignant, le patient peut ainsi intégrer les éléments non placés, se dégager des pollutions de toutes sortes, se libérer et, par conséquent, trouver la paix.

Il est évident que l'état de paix engendre l'équilibre, seulement le juste équilibre. Au-delà, le risque serait de se laisser emporter, de s'ouvrir et d'ouvrir trop fort, comportements déstabilisants pour le soignant comme le soigné, et graves pour la personne en détresse. Le trop n'engendre pas le mieux-être !

Prendre son temps pour vivre les pas nécessaires à une évolution sérieuse c'est, en relation d'aide, chercher le juste milieu qui permet la résolution des problèmes majeurs.

Il s'agit de parfaitement se positionner en individu face à un autre, c'est-à-dire d'avoir l'esprit ouvert à la rencontre. Un professionnel qui n'agirait que selon sa fonction, de façon tout à fait impersonnelle, ne pourrait, du fait de cette limitation, vivre une rencontre réussie avec le soigné, celui-ci ne pouvant alors se sentir en sécurité et se révéler à lui-même.

b) La re-connexion part d'un bien-connecté

Sur le plan thérapeutique, si le soignant n'est pas lui-même, s'il n'est pas entier, il ne pourra pas être connecté et la connexion elle-même ne sera pas possible.

Deux exemples concrets.

➥ Un patient violent, agressif :

Avant d'aller rendre visite à mon patient, je me mets en état de paix, non contracté, centré, bien ancré, à la fois confiant et souple, ferme et net dans ma sécurité, et pas dans la peur !

J'utiliserai un ton approprié qui dissoudra progressivement la tension puisqu'il ne dépendra pas de deux luttes, de deux peurs, de deux rapports de force s'amplifiant les uns les autres.

➥ **À l'inverse, un patient trop apathique :**

S'il est perdu, non globalisé, en état de choc, dispersé, alors je rentrerai tranquillement. Pas plus ! Pour ne pas le faire éclater davantage. Pas moins ! Pour le réveiller et le faire se révéler à lui-même, pour qu'il puisse entrer en contact avec lui et avec moi.

Face aux patients, combien de « dragons » ont aggravé la souffrance, l'isolement, l'enfermement et la difficulté d'être, faisant ainsi perdre le peu de contact, d'aisance, qui pouvait encore exister et renvoyant plus intensément les malades dans une souffrance intolérable ?

Le rôle du médecin n'est pas des plus aisés, car s'il est très humain, il encourt le risque de l'être trop, et de prendre en charge le malade au lieu de lui redonner son pouvoir de vie et son autonomie ; s'il ne l'est pas assez, il prend celui d'aggraver le manque, le mal, la rupture, la distance et la douleur.

Le manque de communication creuse imperceptiblement une fissure quasi infranchissable, d'autant que le médecin est souvent approuvé, de par sa position, par son service.

La position juste s'apprend ! Elle s'acquiert, se cherche puis se trouve ; elle nous développe et développe l'autre !

Écoutez les malades qui ont guéri, il est bien rare qu'ils soient amenés à reconnaître la valeur de la seule technique. Ils sont sensibles et réactifs à ce plus que représente le contact humain. Et, après leur guérison, il n'est pas rare de les voir, un jour, rendre visite à celui ou celle qui a su les rencontrer. Ils reviennent pour, disent-ils, un « bonjour »... en réalité, un « merci ».

L'état de maladie favorise et permet une intimité relationnelle qui, si elle est vécue justement, sera bienfaisante et ne créera ni attachement ni dépendance. Au contraire, on pourra constater une prise de conscience de la part des deux parties, une ouverture de l'un vers l'autre et *vice versa,* une communication améliorée et une expérimentation directe des résultats qui en découlent. Avec plus d'aisance, on accédera à la capacité d'oser être soi qui sera, pour chacun de nous, source d'évolution, et qui se traduira par un meilleur état d'être, une meilleure santé et donc un retour à la possibilité d'assumer ses responsabilités ; en fait, vers une plus grande autonomie de vie.

La rencontre, c'est cela !

4. *Toucher* et conscience

Accéder à un état d'être passe par une prise de conscience de soi ; l'avantage, à court terme, étant de reconnaître instinctivement chez l'autre les mêmes attentes, les mêmes manques que ceux que l'on a déjà vécus.

Devant tant de sollicitation, le risque toutefois serait de se soumettre, jusqu'à aller porter, ou tenter de donner à l'autre, ce que nous-mêmes n'avons pas reçu : l'écoute nécessaire, le contact, la tendresse relationnelle, l'amour... Néanmoins, avec le temps, une bonne gestion de la situation permettra de ne plus réagir en se pliant aux besoins de l'autre, mais d'être en conscience, de se mettre en accord, en ancrage, de rechercher la juste place et le juste geste.

L'illumination vient après d'intenses recherches !

Après avoir passé le cap d'oser, d'avoir le courage, d'avoir fait l'effort, enfin d'être devenu libre, dès lors le soignant devient plus conscient de ce qu'est une personne, un être, de ce que peuvent être ses difficultés comme ses potentialités, de ce qui peut faire lien et pont.

À ce stade, plus de jugements ni de classifications ; seuls subsistent le regard, l'écoute, le respect et l'amour de soi comme celui des autres.

Soignant et soigné franchissent alors d'un même pas les différents obstacles qui représentent l'ultime dénouement, car si s'apprivoiser est une chose, il convient de s'apprivoiser en harmonie, dans la relation à l'autre, en tenant compte de l'hypersensibilité et de la vulnérabilité de chacun.

L'immédiatement proche atteint fortement l'intérieur, alors que la peur de souffrir reste, elle, fugace. Comme pour rattraper le temps perdu, le besoin de vivre devient très fort, et il s'agit de réussir à donner plus de vie et plus de sens à sa vie.

Ce n'est qu'après avoir reconnu, travaillé puis résolu des deuils de toutes sortes que l'on pourra découvrir la fin du tunnel ; le passage vers la liberté... Cette indispensable et importante étape, cet ultime pas qui ouvre l'accès à la conscience.

Un être qui vient de franchir le pas vers sa propre découverte, qui vient de se révéler et de se réaliser, un être qui a su se détacher progressivement des appuis extérieurs pour gérer seul sa propre sécurité, verra sa vie changer pour s'éclairer à la lumière de la conscience.

Il faut néanmoins garder présent à l'esprit que chaque deuil, s'il peut être source d'évolution, est tout d'abord source de blocages, de souffrances et de fermetures. Non travaillé, il peut nuire à une personne sa vie durant, en la privant de ce qu'elle est, et en nuisant à sa santé mentale, physique, énergétique ou spirituelle.

Tout médecin ou soignant devrait savoir s'assurer de l'état des deuils vécus, les siens comme ceux de ses patients. Il devrait vérifier scrupuleusement leur évolution avant de classer un soigné dans la catégorie « malade-psy », dépressif chronique, ou même pire. Un deuil peut, malheureusement, affecter une personne pendant des dizaines d'années, et les soignants eux-mêmes ne sont pas à l'abri de ces souffrances.

S'il travaille en conscience, il sera responsable de ses actes parce qu'il se connaîtra, il aura connaissance de son fonctionnement. Mais, au contraire, s'il se contente de comprendre sans agir, en ne se vivant pas à son réel niveau, c'est-à-dire en plein accord, s'il vit dans la peur, la fuite, la fermeture ou la retenue, il ne pourra être cohérent avec lui-même.

L'état d'être dans lequel les soignants sont renvoyés s'avère douloureux et difficile à vivre. Ils ne se reconnaissent plus, et se sentent prisonniers de ce qu'ils sont devenus. Ils ont besoin de constamment s'actualiser pour demeurer ce qu'ils sont, devant aussi apprendre à accepter de vivre avec ceux qui n'ont pas leur même niveau de conscience, leur même clarté. C'est à eux de les aider à s'éveiller, grâce à un comportement d'ouverture et d'application à être, de les éclairer par leur état d'être. Ainsi à leur contact, ils seront instruits et dégagés de leurs vieux schémas, parce qu'ils auront pu constater que ces éveillés vivent en plein accord avec eux-mêmes.

Lorsque l'on est en conscience, on ne méprise pas, on ne donne pas de leçons ni ne fait de reproches, simplement on enseigne en servant de modèle, en se dévoilant au grand jour. Il n'y a pas besoin de grands discours, il suffit d'être vrai, en accord avec soi-même, en harmonie, en toute sérénité... et cela peut suffire à détendre une atmosphère, à découvrir d'autres fonctionnements et à établir des passerelles à tous les niveaux.

Dieu merci, il n'est pas question de porter le fardeau des autres, ni de prendre le monde en charge ! Il ne s'agit que de s'appuyer sur soi, pour être soi, et pour que les autres trouvent leur juste place, leur responsabilité, leur sens, leur raison...

Sortons de la culpabilité, cessons de se l'approprier ou de la distribuer généreusement ; il est grand temps d'apprendre à respecter ses limites. Si chacun d'entre nous fait son petit ménage, si chacun balaie devant sa porte, tout ce qui nous concerne ou qui concerne les autres sera infiniment plus clair ; les choses deviendront évidentes.

Plus de marchandages, plus d'arrière-pensées visant à « te transformer, te conditionner, me valoriser, ne pas te perdre et/ou m'(t') attacher, te mettre en obligation de me devoir, par devoir... ». Chacun vivra en se disant : « Je fais ce que je ressens comme étant juste, je me vis en accord », « Ça, je n'ai pas à le faire ni à le porter : ça n'est pas à moi », « Ça, j'ai à le vivre », ou encore « Ça ? je ne sais pas encore..., je me donne le temps de savoir si oui ou non je le prends et, quand je serai prêt, je vous dirai ma réponse. »

Le corps et l'être s'allègent alors du poids qui les faisait se courber.

Le vrai est léger, le faux est lourd

Quelle différence dans le vécu ! De la place que je tiendrai – celle de l'inconscient irresponsable, ou celle du conscient responsable –, découlera un *toucher* très différent, tant dans sa raison que dans son sens ou sa finalité. Il passera obligatoirement par un retour à soi, chaque fois, chaque jour, plus net, plus profond, plus ancré, et toujours plus libéré et dégagé, et deviendra entièreté et unité dans la mobilité.

En actualisant ma fonction de soignant, j'agis sur mon être propre, et j'entre en juste relation avec les autres ; mon soin, mon *toucher*, en deviendra d'autant plus juste, vivant et créateur. Quant à moi qui jusque-là m'occupais de la santé des autres, je recouvrerai une meilleure forme générale.

Qu'est-ce que la santé, si ce n'est la prise de conscience et la responsabilité de notre être dans sa globalité, corps et esprit réunis ?

C'est prendre conscience de l'aide à demander (même pour un soignant), pour ne plus se vouer à l'isolement, ne plus enfouir sa douleur. C'est, aussi, savoir se heurter à des juges qui se posent en évaluateurs des faiblesses de l'autre, et être capable de les considérer, ainsi que leurs évaluations, à leur juste valeur.

La santé est un état d'être

Chaque être vivant peut avoir besoin d'aide, se trouvant alors confronté à des problèmes de santé dont les causes lui échappent.

Parfois, la réponse à ses difficultés pourra être si étonnante qu'il aura besoin, pour accéder à la compréhension de ce pourquoi, d'être soutenu dans son apprentissage du savoir.

Tous, un jour, nous pouvons nous trouver dans ce cas de figure, et il est alors tout à fait vraisemblable que nous ayons besoin d'autrui pour nous enseigner ce geste sauveur que nous ne connaissons pas, ce pas à faire. Et le pas essentiel, primordial à découvrir, est celui de la *conscientisation* qui permet de tout changer, parfois de manière fulgurante, dans notre vie et notre santé au sens large du terme.

CHAPITRE III

Le *toucher-communication*, la naissance et après...

1. L'accueil

C'est dès la naissance qu'il faut prendre en compte la notion de *toucher*.

➥ ***Avant la naissance :*** pour les parents qui envisagent une grossesse et qui doivent vivre les phases de désir, de plaisir, de reconnaissance et d'acceptation.

➥ ***À la naissance :*** pour les soignants qui aident et participent à l'accouchement.

➥ ***Après la naissance :*** pour permettre aux parents, et à la mère en particulier, d'accueillir l'enfant, ou pour les soignants qui doivent en urgence s'occuper d'un bébé en danger.

Ce processus d'accueil est tellement important que le nier ou le refuser peut se révéler dramatique. En effet, ne pas le prendre en compte est lourd de conséquences graves (souffrances et autres maladies, susceptibles de perdurer tout au long d'une vie). N'oublions pas non plus, car on ne peut négliger la réalité économique, les coûts énormes que cela implique, notamment pour la Sécurité sociale.

Il est donc nécessaire, sinon indispensable de :

➢ Redonner tout son sens à la naissance, pour participer au changement fondamental en ces temps de réveil.

➢ Revenir aux vrais actes, aux vrais gestes, et d'aller à l'essentiel, d'être vraiment présent au moment d'une naissance.

➢ Faire appel à des valeurs fondamentales, de celles qui, tout simplement, sont capables d'insérer l'être qui vient de naître dans son histoire, dans l'histoire de sa vie.

Faire naître un enfant, c'est le cueillir comme une fleur, c'est l'accueillir. La naissance est le premier pont, le premier passage d'un état vers un autre.

Le bébé qui vit sa naissance dans la sécurité, qui est accueilli avec douceur, pour être déposé ensuite tendrement sur le ventre de sa mère – la première à le caresser –, entre dans la vie avec confiance. Muni de cette confiance, qui demeurera toujours présente en lui, il traversera chacune des étapes essentielles de son existence (par exemple, le passage de l'enfance vers l'adolescence ou, plus tard encore, la conscience de se retrouver à mi-chemin de sa vie) avec beaucoup plus d'aisance et de facilité.

Le premier *toucher*, première manifestation sensorielle, est primordial. Il doit donc être de qualité, être approprié. C'est capital ! Il déterminera les différentes modalités de la sensation qui sera celle de l'être en devenir, de l'individu futur. L'accueil de l'enfant, lorsqu'il naît, est le « théâtre » de sa venue au monde, l'accomplissement de sa gestation, le point de départ à partir duquel il sera, il deviendra.

Pour que la naissance soit « réussie », l'enfant et ses parents doivent être prêts à la vivre (comme doivent l'être, selon certains spécialistes, tous ceux qui y participent). Le père, autant que la mère, y a son rôle à jouer, et il est essentiel qu'il puisse avoir accès au *toucher*. Un équilibre masculin/féminin se met alors en place, et l'enfant hérite de la réunion du don de son père, la masculinité, avec celui de sa mère, la féminité. Dès lors, il se développe de façon harmonieuse et est capable de faire face aux difficultés qui se présentent à lui. Doté d'une telle énergie, il sait s'adapter et réagir positivement au stress, car l'essentiel lui aura été donné : la base d'une structure solide et saine.

Après les premiers contacts maternel et paternel, il appartient à la mère d'offrir à l'enfant le *toucher* d'autres personnes. Il est en effet important d'élargir, le plus tôt possible, le *toucher-communication* aux membres de la famille, aux amis, aux voisins... Ainsi, le nourrisson peut multiplier les expériences de contact dont il s'enrichit, apprenant à discerner les uns des autres et à reconnaître les odeurs et la peau de chacun. De cette façon, sa relation à l'autre est facilitée ; il n'éprouve plus de crainte et sait accepter les différences.

Vous comprenez donc mieux l'importance du soin à apporter à la naissance, puisqu'il conditionne le déroulement de toute la vie de l'enfant. De plus, lorsque la mère mettra au monde un deuxième enfant, elle sera plus confiante et plus sereine ; elle se sentira en sécurité face à une situation déjà vécue. L'accouchement se déroulera dans de bonnes conditions, tant il est vrai que le contexte psychologique dans lequel évolue la grossesse a une importance capitale.

Le père et la mère doivent ensemble poser leurs mains sur le ventre maternel pour rassurer le bébé, lui dire qu'ils l'attendent, lui parler de sa naissance ; ils peuvent même lui demander de se placer de façon à faciliter l'accouchement. Si de tels liens sont établis, la mère sera parfaitement détendue et le col de son utérus sera dilaté, ouvert. L'enfant comprendra alors que le passage est libre, et l'accouchement se passera sans incident. Le placenta, n'ayant plus à protéger le bébé, trouvera sans problème le chemin vers la sortie.

Paisible, la mère laisse faire. Et elle sera paisible si le personnel soignant l'a entourée, l'a touchée et l'a bien accompagnée, comme il aura accompagné et aidé le père. Ce dernier, également rassuré et tranquille, participera à la naissance de son enfant, devenant ainsi *son* père. Sa participation active facilitera la tâche de la mère, car l'enfant reconnaîtra d'emblée ses deux parents. Cette symbiose évitera que, plus tard, la mère ait tendance à s'approprier l'enfant, au détriment du père.

En résumé, plus le couple est uni avant et pendant la naissance, plus l'étape postnatale est facilitée, plus les parents sauront vivre leur union, modifiée par la présence d'un enfant.

Il faut être bien conscient de l'importance d'une naissance et de ses conséquences. Pour cela, les soignants doivent disposer des moyens et des services leur permettant d'« assurer », afin de répondre à la confiance que les patients placent en eux.

2. *Toucher* et naissance difficile

Autrefois, à la campagne, nos aïeux utilisaient les expressions être « bien né » ou être « mal né » pour définir les chances d'un enfant à la naissance. Aujourd'hui, ces mêmes expressions ont encore tout leur sens, et l'on sait leur impact sur l'avenir de l'enfant.

La sagesse populaire ancestrale, en évoquant encore de nos jours ce « mal né », souligne l'importance du démarrage dans la vie. Et même si l'on ne fait pas référence au futur confort matériel de l'enfant, la manière dont sera géré son accueil dans notre monde aura une influence sur son comportement ultérieur. Beaucoup d'éléments peuvent intervenir et être mis en cause.

a) Le *toucher non juste* ou le *refus de toucher* de la mère

Il se peut que la mère vive, pour différentes raisons, sa grossesse dans l'angoisse : milieu familial, problèmes du passé non résolus, problèmes existentiels… Elle peut ne pas se sentir à la hauteur de l'événement, et donc préférer fuir cet enfant qu'il lui faut pourtant recevoir et qui a tant à lui donner… Elle est encore dans cette angoisse qui l'a étreinte tout au long de ces neuf mois.

C'est alors que le rôle du personnel médical est essentiel : il doit savoir agir, regarder, parler, accompagner et, surtout, deviner, comprendre.

Une fois qu'il aura analysé le comportement de la mère (analyse qui, bien entendu, ne sera en aucun cas un jugement), il lui faudra l'apprivoiser, et faire en sorte qu'à son tour elle puisse apprivoiser son enfant ; il doit faciliter le contact mère/enfant.

Combien de mamans et de bébés sont ainsi incapables de communication ? Combien de mères en état de choc, épuisées, seules, ne sont pas prêtes à recevoir leur enfant, à vivre cette rencontre essentielle ?

Toute leur vie, elles porteront le poids de cette souffrance, et la relation ne sera plus que douleur, alors qu'il aurait suffi de quelques gestes d'amour, de quelques touchers apaisants et réparateurs pour l'annihiler définitivement.

Le prix de cette souffrance issue de l'ignorance est exorbitant : des années à tenter de comprendre, à essayer de guérir un mal indiscernable, à ne pas se faire entendre, à enfouir ce mal-être qui resurgit sans cesse, à s'isoler ou, au contraire, à s'imposer ; bref, à ne pas savoir comment se vivre.

b) Le *toucher* médical à la naissance

Combien en ai-je vu, aidé, de ces bébés venus au monde violemment, mal reçus physiquement, sans précautions, même pas préparés au premier contact avec leur mère !

Pour sa sécurité affective, psychique et énergétique, c'est sur le ventre de sa maman qu'il faudrait nettoyer le nourrisson ; ce n'est pas une utopie, c'est tout à fait faisable. Ce contact-là prime sur tout : sur la stérilisation, la toilette, les vêtements... Or, les accouchements actuels sont stressants. Ils peuvent être comparables à l'attitude de l'adulte qui, au saut du lit, ne s'accorde même pas une minute pour prendre soin de lui, pour s'étirer, se toucher, se sentir... avant de se lever et de faire face à une journée de labeur.

Combien de souffrances, jamais traitées, sont issues d'une naissance violente : emploi de forceps, cyanose, étouffement par le cordon ombilical (il est pourtant si facile, en contact étroit avec l'enfant, d'obtenir qu'il se tourne et se prête à sa naissance). De plus, l'enfant est aussitôt enlevé à sa mère et, pour plus de facilité, on le nourrit au biberon sans même savoir si elle n'aurait pas préféré l'allaiter.

Dans tous les cas, il est bon de se rappeler que toucher permet de calmer, d'apaiser, de soulager...

Voici deux exemples.

➥ Un bébé placé en couveuse parce que sa température est trop basse :

Il peut être important de faire la distinction entre l'habitude et l'urgence réelle.
Généralement, la mère est à bonne température ; elle produit une chaleur que l'enfant peut recevoir, peut appréhender. Cette chaleur lui permet de s'adapter aux conditions de sa nouvelle vie, à l'endroit où il se trouve.
Dès lors, pourquoi ne pas laisser la mère le prendre sur son ventre, sur son corps, dans ses bras ? Il ne sera alors plus isolé ni en rupture. Elle établira la relation avec son enfant, elle le recevra, l'accueillera, l'apaisera en le réchauffant et en l'installant dans son propre principe de vie. Ce n'est qu'après qu'elle pourra établir pour lui le contact avec l'extérieur.

> ***L'enfant sait et sent qui est qui,***
> ***et ce qui se passe autour de lui.***
> ***Si on lui enlève quelque chose,***
> ***il doit sentir que ce n'est pas arbitraire.***

➥ L'enfant malade :

Si l'enfant exige un soin immédiat, c'est au personnel hospitalier de le prendre en charge, avant même que sa mère, que ses parents puissent l'accueillir.
Et la différence est considérable !
Il peut y avoir, dans ce cas, arrachement ou rupture énergétique grave, qui risquent d'engendrer un amoindrissement de la capacité de guérison et de résistance au mal de l'enfant (ce qui est également vrai pour tous les enfants hospitalisés, même les plus grands).

Attention toutefois ! Le personnel soignant ne doit en aucun cas écarter brutalement les parents sous prétexte qu'il doit apporter des soins à l'enfant, ou parce qu'il est débordé de travail. Il ne doit pas fuir cette relation mais l'assumer, faute de quoi l'enfant aura une confiance limitée en lui.

Ni la partie médicamenteuse ni la batterie technique ne résoudront seules la fracture énergétique et les problèmes psychiques, voire les problèmes physiques qui en découleront. Seule la relation vécue avec humanité pourra faciliter les soins quels qu'ils soient.

Il ne faut en aucun cas négliger la relation parents/enfant. Si la mère et l'enfant sont volontairement et arbitrairement spoliés ou brimés, si l'on ne s'accorde ni le temps ni les moyens nécessaire à la préparation et à l'acceptation, alors on peut ajouter aux conséquences déjà évoquées le poids d'une responsabilité (consciente ou non) qui sera imputée au personnel médical.

On peut se mépriser ou se dénier soi-même, on peut occulter ou mépriser les besoins de l'enfant, tout cela sans en avoir vraiment conscience. Le personnel médical doit donc en premier lieu aborder, reconnaître et régler ses conflits intérieurs ; il doit se remettre en question. Ensuite seulement, il pourra se positionner clairement vis-à-vis de l'enfant, et avoir pleine conscience de ses responsabilités. Car, attention, l'enfant devine notre vérité cachée, et son regard est alors terrible ! Il peut faire mal !

Un enfant accueilli, préparé, à qui on exprime la nécessité et le pourquoi d'un soin, à qui on explique le pourquoi de sa souffrance, saura accepter et vivre sa douleur. L'enfant sait, sent (souvent mieux que l'adulte) où est son intérêt majeur. Il vit dans l'essentiel et il sait s'adapter.

Si la difficulté est trop grande, le personnel qui saura apporter son soutien, son accompagnement, son *toucher,* sans prendre la place de la mère, des parents, donnera alors l'aide, le coup de main, le coup de cœur nécessaires. Et la relation n'en sera que plus riche.

Souvent, les soignants prennent comme prétexte pour se débarrasser des parents : « Allez vous reposer et reprendre des forces ; votre enfant aura bien besoin de vous demain ! »

Pourtant, il est flagrant que ces parents sont en état de choc, qu'ils sont perdus et qu'ils se sentent exclus ; ils ne dormiront pas. Au contraire, à force de ressasser des émotions, des craintes, des doutes ou des peurs, ils seront encore plus fatigués que la veille, et auront de plus en plus de difficultés à accompagner leur enfant, à jouer leur rôle de parents qui consiste à être disponibles et à veiller sur lui, à l'aimer, à le réconforter, à lui sourire, à lui prodiguer regards et *touchers* qui ouvrent à l'affirmation de soi.

Le personnel ne sait pas (on ne le lui a pas appris ou on le lui a interdit) prendre en compte la capacité d'amour des parents, ce qui limite les possibilités de l'enfant. Quelle lourde responsabilité !

Que faut-il faire ? Mettre un fauteuil supplémentaire, accepter la présence du père ou de la mère qui se chargera de veiller l'enfant et qui pourra même décharger le soignant de quelques menues tâches, ce qui le soulagera. On le voit bien, loin d'entraver le fonctionnement du service, cela l'allégerait !

Est-ce si difficile à mettre en place ? Le soignant se sent-il lésé dans son rôle ? Si le problème relève d'une question de pouvoir, il convient de le dépasser. Car il y a danger pour les soignés, menace pour les enfants, et nécessité de revoir les critères et les règles d'efficacité au niveau des services.

Ceux qui ont osé le faire s'en portent beaucoup mieux : le personnel autant que les enfants malades. Les parents, eux, ne sont plus sur la défensive ; ils sont confiants. L'ambiance est libre, ouverte, chaleureuse. L'entraide et le soutien parental s'expriment totalement, et les enfants vivent bien ce qu'ils ont à vivre.

La vie, la force de la vie coulent librement.

Si on privilégie la technique, le *toucher* mécanique, on risque de rompre l'harmonie de l'être et, par conséquent, de rendre sa socialisation plus difficile. Chaque étape de son évolution, marquée par des rappels de ce passage pénible, sera donc plus douloureuse.

Rappeler est souvent synonyme de raviver, de rallumer, de la même façon qu'on attiserait un feu endormi.

Qui éteindra le feu de cette douleur initiale ? À quel moment ? Et dans quelle partie du corps se fera-t-elle sentir, pour aggraver encore la difficulté de vie et la souffrance morale ?

Il est vrai que la technique a sauvé et sauve encore de nombreuses vies, et il n'est pas dans notre intention d'ignorer cette réalité. Mais si, dans la mesure du possible, elle s'associe à un *toucher* juste, fondamental, l'impact sur l'enfant et plus tard sur la personne qu'il deviendra (ses comportements, son vécu, sa socialisation, son humanisation…) sera tel qu'il demeurera en contact, en accord avec la vie. Il sera disponible à sa vie, et saura puiser dans son propre capital énergétique.

Dès la naissance, pourquoi ne pas aller jusqu'au bout de nos convictions lorsque cela est faisable ? Pourquoi ne pas laisser parler les entrailles de la mère qui ne veut pas donner son bébé à l'infirmière de nuit venue le prendre d'autorité ? Il est vrai que, souvent, la mère a la parole coupée devant tant de détermination ; elle n'ose pas exprimer ses désirs et préfère taire sa peine.

Dans le lien qui unit la mère et l'enfant, cette peine est vécue par les deux parties, touchant ainsi la mère mais aussi le petit. Et, au lieu de se réduire, la difficulté s'amplifie.

C'est à tort que l'on prétend que la mère est plus reposée si on lui retire son bébé pendant la nuit. Enlever l'enfant à sa mère ne fait que repousser la difficulté dans le temps. Lorsque cette difficulté occultée resurgira, elle créera un clivage profond qui les handicapera tous deux.

Cette façon de faire peut en outre engendrer un douloureux sentiment de frustration, voire de culpabilité, celui de n'avoir pas su répondre à ses propres besoins, pas plus qu'à ceux de l'enfant. Ce sentiment impliquera dans la relation mère/enfant des conséquences qui pourront perdurer des années.

Enfin, dans ce type de situation peut intervenir un autre personnage – une sœur ou une grand-mère captatrice et envahissante – qui récupérera l'enfant au détriment de sa mère, ne faisant qu'accentuer sa douleur et, indirectement, celle de l'enfant.

3. Les conséquences du *non-toucher*, du *non-accueil*

Si le contact n'a pas eu lieu à la naissance en raison de problèmes particuliers, réparer ultérieurement est un acte normal. Mais, si le contact n'a pas eu lieu par négligence, refus d'humanité ou soins sans ménagement, réparer devient un acte essentiel.

> ➢ C'est se débarrasser d'un poids imposé par des personnes qui ont participé à la naissance ; personnes en qui les parents avaient mis leur confiance.
> ➢ C'est effacer cette lourde empreinte posée entre l'enfant et les parents, entre l'enfant et sa vie.
> ➢ C'est apporter réparation et unifier l'être.

Cette réparation sera d'autant plus efficace qu'elle sera rapide. Elle pourra se réaliser auprès d'un compagnon, d'un conjoint, à la lumière d'une relation riche et profonde qui comblera le vide. Mais qui en est conscient ?

Dans ce domaine, le travail des soignants ou des thérapeutes est essentiel. Il consiste à donner à la vie le bébé non touché, non accueilli qui, sans leur intervention, se cherchera sans cesse et aura du mal à se porter. Souvent, d'ailleurs, ce sera lui qui plus tard portera ses parents (qui n'ont pas su ou pu l'accueillir), ses semblables… comme une tâche imposée, comme pour achever un travail non encore terminé : son travail, celui de sa formation, du temps de la grossesse, celui de l'après-naissance. Ce rôle le poussera ultérieurement à embrasser une carrière de soignant.

Il sera en quête perpétuelle du chemin si difficile à trouver de son propre achèvement. Le tissu relationnel, la communication seront vécus de façon erronée, et l'énergie nécessaire à ces efforts sera si importante que l'être se vivra fatigué et fatigable, vite affaibli. L'onde du choc initial sera constamment ressentie.

Plus tard, le rythme de vie sera saccadé, dépourvu de cette harmonie qui aurait dû présider à sa naissance grâce à la sécurité instaurée par les moyens techniques et humains associés.

Le vécu d'un bébé né en état de choc sera marqué par des énergies négatives : stress, peur, angoisse… et cela jusqu'à la prise de conscience salvatrice. Hélas tout le monde n'a pas la chance d'avoir accès à une révélation personnelle, ni les moyens de s'offrir une thérapie performante.

Le bébé qui a risqué la mort luttera contre le temps, s'insurgera contre le stress, l'angoisse des autres le paniquera : l'énergie contenue au moment de sa naissance alimentera toute sa vie, et il aura du mal à supporter son vécu.

L'enfant né cyanosé, cordon ombilical autour du cou, malmené, secoué, pourra être par la suite un enfant martyr, se chargeant des fautes, étant un coupable permanent, renforçant les autres à tant vouloir se renforcer lui-même et cherchant à obtenir le pardon pour avoir gêné ou fait peur à tant de monde. En quête perpétuelle de justice, de justesse, il sera constamment en alerte, sous tension.

Que dire des jumeaux ? Chacun a sa place qui suppose un ordre, le premier et le dernier. Cela est source de problèmes relationnels, liés à un sentiment d'abandon pour celui qui n'a pas été mis dans les bras de son père ou de sa mère en premier.

Pourquoi les jumeaux, qui ont à vivre ensemble, ne naissent-ils pas ensemble, ne sont-ils pas accueillis ensemble, différents l'un de l'autre dans les bras de la mère et dans leur essence ? Un accueil raté, et ce sont deux vies qui risquent de déraper...

L'enfant mal né sera un adulte qui se vivra mal. Constamment à la recherche du vrai souffle, de la bonne respiration, de l'air approprié, la vie lui sera garantie difficile et très peu de chances de guérison se présenteront.

Être un enfant mal né :

- C'est se courir après si on est en avance, se heurter au temps si on est en retard.
- C'est ne pas pouvoir saisir le moment du passage et rater, ou vivre péniblement, les autres passages.

➢ Ce sont les limites incertaines :
– trop fermées et génératrices d'une inhibition forte ;
– trop libres pour penser à essayer de s'en dégager ;
– trop pesantes et incitant à la recherche du possible et de l'impossible, pour reculer la frontière, la barrière vécue et tellement permanente.

L'instabilité est la porte de secours, elle passe par en haut car, en bas, il n'y a pas encore de recours, pas d'issue autre que la maladie, écho de la souffrance.

C'est donc la voie d'en haut, la dimension spirituelle, qui servira de bouée de sauvetage, qui donnera l'oxygène manquant. Cela sera vécu comme une recherche.

Mais attention aux obstacles inconnus qui, parfois, encombreront le passage : ils renverront vers la difficulté, toujours aussi prégnante tant le passeur et l'accueil ont manqué. Tant que leur absence se fera ressentir, le passage d'une étape à l'autre de l'évolution naturelle sera complexe, et la guérison définitive improbable.

À tout moment de la vie, la privation du *toucher* engendre la déshumanisation et tout un système de carences, qui ne sont pas seulement affectives. C'est l'ensemble d'un réseau complexe d'énergies qui est bloqué, empêchant l'être de se réaliser sainement, et le plaçant en situation d'attente ou d'isolement. Il dépend de plus en plus de systèmes, d'individus plus élevés socialement, ou suffisamment habiles pour le dominer, le manipuler ou le contrôler. Le manque ne permet ni la guérison des blessures ni celle des failles énergétiques.

À notre époque, on attache de moins en moins d'importance au contact tactile, et l'on se touche soi-même très peu. L'image que nous renvoie notre miroir se rapproche des images virtuelles tant nous ignorons nos propres possibilités et nos fonctionnements corporels.

Or, tout ce qui construit se met en mouvement par la stimulation du *toucher,* par le biais du contact avec la peau. Cette notion est désormais chez beaucoup en sommeil, en léthargie, d'où une coupure de communication avec soi-même, qui engendre toutes sortes de pannes et de problèmes.

Le «réamorçage» ne se fait pas n'importe comment ! Apprendre à une personne à se masser elle-même les pieds, les mains, la tête, lui redonnera le sens de son propre corps dans l'espace, et lui permettra de pouvoir enfin trouver sa place. En soins, le *toucher* lui ouvrira cette porte et lui facilitera la réconciliation avec elle-même.

Beaucoup de gens avouent, dans une situation de simple mal-être, porter peu d'attention à leur propre image, éprouver quelque difficulté à se regarder dans un miroir, et ressentir un sentiment de rejet vis-à-vis de cette image qui leur dévoile un corps, leur corps, qu'ils n'aiment pas. Il en est de même lorsqu'ils sont à l'écoute de leur voix.

Pratiquer le *toucher* au quotidien, établir un contact humain et respectueux, même entre individus de générations différentes, redonne le droit à l'expression d'une fraternité, d'une communication humaine, non seulement indispensable, mais essentielle à l'échange, au maintien des relations interhumaines et de l'intégrité des individus, et donc de leur santé générale. Cela élève leur niveau d'existence et leur capacité de développement. On peut observer le maintien et l'enrichissement d'un potentiel latent, d'un équilibre qui ne demandait qu'à s'exprimer, pour le bien de tous.

Très concrètement, la privation du contact tactile entre les hommes parle à travers un fait banal : le développement florissant des industries concernant l'élevage et le bien-être des animaux dits de compagnie : chiens, chats, oiseaux...

L'homme compense son manque de *toucher,* le fait qu'il n'ose pas se toucher lui-même, à travers le contact tactile ou visuel avec ces animaux, qui sont même utilisés à des fins thérapeutiques. Les hommes en «bêtifient» parfois leur langage !... mais ces animaux reçoivent-ils en contrepartie la possibilité de s'humaniser ?

Le respect de l'animal passe tout d'abord par le respect de soi-même. Nous ne devons pas vivre en animal, mais en homme-individu réalisé, qu'une constante mutation porte au plus et au mieux-être.

À force de se couper de l'affectif, de la dimension émotionnelle, à force de privilégier la seule dimension intellectuelle, il n'y aura plus bientôt que des humains pensants, mais qui n'habiteront plus leur corps, qui ne vivront plus leur cœur. La véritable intelligence est intimement reliée au cœur, à la conscience. Seul un individu entier, unifié et humain, peut en faire l'expérience.

Quoi qu'il en soit, cette dérive amorcée dès l'enfance et entretenue au fil des années engendre bon nombre de dépressions, larvées ou reconnues, de pertes d'ancrage dans le réel, pour la simple raison que :

- Le côté extérieur, brillant, factice, est sur-valorisé.
- Le côté intérieur est sous-développé, ignoré, perdu.

Que deviendrons-nous dans cette course effrénée au travail, à l'argent, au temps… Où sont les mères dans un monde à ce point privé d'écoute, de paix ?

La vie est aujourd'hui l'école du stress, de la distance, du paraître, du faux et ce, dès l'enfance ! Que devient l'adulte, si ce n'est un individu coupé de ses dimensions les plus hautes qui, tôt ou tard, finira comme tous les désarticulés : cassé, donc malade, en souffrance.

Le corps crie. Le corps appelle. Mais il vit, aussi. Grâce à sa propre intelligence, il est l'ultime possibilité d'expression quand les moyens verbaux ne fonctionnent plus, quand l'audition est détruite par le sur-bruit, quand la personne s'est perdue de vue elle-même.

Il est urgent d'apprendre à écouter ce corps malade, à en décrypter les messages. Pour les soignants, commencer à s'écouter facilite le retour sur eux-mêmes et la prise de conscience de leur propre globalité. Cela les conduira sur le chemin du bien-être et de la santé.

En effet, ce travail leur permettra de prendre du recul par rapport à leur vie, et leur donnera plus d'amplitude et de disponibilité. Ainsi, ils acquerront une nouvelle appréciation du temps qui leur permettra de fonctionner différemment dans le sens de l'amélioration. Peut-être même seront-ils capables, si le besoin s'en fait ressentir, de rééquilibrer leur vie professionnelle.

Le soigné, lui, se pose des questions basées sur l'écoute des éléments émis autour de lui. Éprouvant un sentiment d'insécurité permanent, il a besoin de réponses vraies et cohérentes ; il a donc besoin d'interlocuteurs qu'il ressente comme fiables.

Cela implique, pour le soignant, d'occuper ou de reconquérir sa juste place, afin d'être en mesure d'aider à la réparation des manques, jadis vécus par le soigné.

4. La réparation

a) Pour les soignants

Il est si difficile d'affronter la douleur des enfants que le « blindage » devient monnaie courante, et cette autoprotection rend toute relation plus complexe, parfois même conflictuelle. On redoute en effet que l'ouverture n'implique un flot de souffrances quotidiennes, un crève-cœur permanent, un broyage mental incessant, et l'on passe ainsi d'un excès à l'autre.

Il faudrait en fait porter un regard différent sur sa place et la façon dont on l'occupe, ne pas obéir aux diktats de certains médecins, lointains et fermés, ni souscrire aux habitudes, fermées elles aussi, du service. Mais trouver sa juste place suppose de faire avec ce qui est, et non de se voiler la face ni de se couper de la réalité, ce qui équivaudrait à une autodestruction.

Lorsqu'on connaît la capacité empathique d'un enfant, et ce que révèle son regard, est-il possible de rester insensible devant la souffrance qu'il ressent en nous voyant souffrir, être fermé, distant, trompeur ou manipulateur ?

Il serait bon, en tant que soignant, de :

- Se rappeler l'essentiel : notre condition de femme/mère (ou notre féminité), même si nous n'avons pas d'enfant.
- Retrouver sa capacité relationnelle : vivre son vrai lien à l'autre, son retour à soi et à l'accord.
- Se rappeler sa condition d'homme/père, avec sa sensibilité, autrement dit exprimer sa part de féminité.

Notre civilisation a vécu une telle avancée technologique durant ce dernier siècle – avec une abondance de moyens mécaniques, techniques ou autres –, que nous ployons sous le poids de tant de modernité qui, progressivement, parvient à nous déciviliser. Or, être civilisé, c'est se placer en état d'humanité, c'est être en relation avec des valeurs essentielles, telles que le bon sens, la simplicité, le naturel, le respect, la droiture ou l'honnêteté. C'est être en communication avec soi et avec les autres.

Elle est ici, notre vraie place !

b) Pour l'enfant mal né, l'adulte en attente

Parachever sa naissance est une tâche difficile lorsqu'elle n'est pas réalisée au moment opportun, avec des gestes précis et des soins appropriés.

Pour atteindre ce but, l'enfant devra évoluer de naissance en naissance, d'essai de vie en essai de vie, en changeant perpétuellement de personnalité et en recherchant l'énergie... Il devra mener une lutte acharnée, chaque fois un peu plus épuisante, qui lui permettra de détruire peu à peu son ancien état pour accéder à une renaissance, sans parvenir néanmoins à naître tout à fait. À force de volonté, il parviendra jusqu'à la naissance réalisée, celle dans laquelle tous les éléments sont enfin réunis dont, notamment, l'accueil qui est, nous l'avons déjà souligné, essentiel.

L'accueil permet de sortir définitivement de cette solitude désespérée qui tue l'homme, trop coupé qu'il est du reste de la civilisation car déjà si éloigné de lui-même, sans unité, et incapable d'une quelconque connexion.

Être accueilli pour enfin être réconcilié avec le principe de vie, au lieu de survivre ou de pseudo-vivre sur le principe de mort. La différence est ténue et pourtant tellement considérable. Pour cela, savoir accueillir l'autre est capital en relation d'aide, en soins, en thérapie. L'accueillir en ce qu'il est, en ce qu'il vit, comme il se vit, est fondamental. Ainsi, on permet, on active ou réactive le processus de guérison, quand ce n'est pas l'instinct de vie lui-même.

La qualité de la naissance, la façon dont elle se déroule, déclenchera un faisceau d'énergies duquel émergera un fil d'Ariane lumineux qui aidera l'enfant à :

- Se voir tel qu'il est.
- Se séparer, sans pour autant couper la communication.
- Prendre conscience des risques qu'il encourt si sa vie se révèle difficile, froide, emplie de peurs, de violence et de souffrances.

Il pourra en toute confiance se laisser glisser, se laisser porter par ce fil, si l'énergie de départ est de qualité : source de paix, de sérénité, de joie, d'amour, de vie...

En revanche, l'enfant mal né devra partir à la recherche de ce fil, de cette qualité. Il sera contraint d'errer jusqu'au moment crucial où il comprendra que cet accueil, qui lui fait défaut, peut lui être accordé. Pour cela, il lui faudra se reconsidérer totalement; il devra accepter l'action et consentir à fournir les efforts qu'implique cette volonté d'autonaissance. Son travail sera long et intense. Il exigera persévérance, profonde motivation et mise en œuvre de tous les moyens pour aller vers la réussite.

Il suffit de s'octroyer l'accompagnement qui convient, le temps nécessaire... et l'énergie commence à sourdre, preuve que l'on est sur la bonne voie. Les forces enfouies amorcent une réaction, et l'éveil se prépare. La confiance se fait jour, la culpabilité s'estompe : il est maintenant possible de s'appuyer sur soi-même, sans plus vivre par rapport à autrui; de se détacher de cet autre auquel, jusqu'ici, on s'était raccroché afin de ne pas sombrer totalement.

C'est enfin la liberté de pouvoir être!

La connaissance enclenche l'action d'être. La vie s'en trouve tellement bouleversée, à tous les niveaux, que les autres, parfois, ne reconnaissent plus l'individu.

CHAPITRE IV

Le *toucher-énergie*

1. Les conditions de la rencontre en *toucher*

Traiter du *toucher,* c'est l'aborder afin de l'utiliser, de l'intégrer dans sa pratique de soins. Cela équivaut à s'interroger sur l'apprentissage requis, sur les notions à aborder, les positions à trouver ; enfin, sur tous les éclaircissements à connaître.

C'est tout d'abord une question d'énergie, car : décrypter, reconnaître, ressentir, découvrir, tout cela découle de la vie elle-même, tout élément étant susceptible d'émettre et de recevoir, de se modifier et de transformer !

a) Les « droits d'entrée » du soignant vers le soigné

Le passage se fait dans la dimension la plus exploitée par le soigné, le lieu où il se sent le plus à son aise, celui où son expression et sa communication lui ouvriront l'accès à la profondeur.
Du dessous, de l'impasse, il gravira une à une les marches qui le conduiront au-dessus, vers la lumière. L'endroit et la façon de poser chacun de ses pas lui sembleront limpides ; il découvrira tout naturellement les raisons de son blocage.

Bien entendu, plus l'expérience, le vécu et les centres d'intérêt du soignant sont vastes, plus il les a exploités, plus faciles et plus positives seront la rencontre et la réception du soigné, qui reconnaîtra cet espace de connaissance, ce champ d'expérience, dans lesquels il se sentira entendu et reconnu ; ils se trouveront en symbiose, donc à un niveau d'égalité.

Le langage, par le biais duquel l'échange a lieu, est essentiel. Il est la base de la rencontre, car il permet d'exprimer ce qui, jusque-là, restait caché. Toute crainte ainsi dissipée, l'être se révèle. La conscience de lui-même une fois retrouvée, il acquiert une meilleure assise, un plus grand équilibre. Dès lors, il peut se reprendre en main, et cet élan nouveau auquel il a enfin accès lui permettra d'agir en ce sens.

Le plus rétif des « dragons » peut devenir le soignant le plus ouvert, le plus disponible. Mon feeling et des dizaines de témoignages, d'observations, me portent à croire que sous le masque de l'indifférence peut se cacher la plus extraordinaire des sollicitudes, ce qui peut être plus vrai encore chez les soignants.

Souvent, ces « dragons » sont eux-mêmes victimes d'un blocage, d'un deuil, d'un processus, d'expériences qui les ont transformés. Ils se refusent à laisser parler leur extrême sensibilité, bien dissimulée sous une carapace… et cherchent à se protéger des aléas de la vie, à ne pas risquer les déchirures, en fait à ne pas souffrir !

En réalité, l'ignorance dans laquelle ils se trouvent les fait s'oublier eux-mêmes. Une fois que le voile aura été levé, ils pourront s'exprimer, au grand étonnement de certains.

b) Accepter d'être soi

Les processus d'ouverture, à partir de ce que l'on est, avec les conditions de sécurité indiquées ci-dessous, évitent l'envahissement – moi dans l'autre, l'autre dans moi. Ils permettent de faire face à la peur, de la traverser, de la vivre, car elle est un lieu où le « à vivre » a une résonance.

➥ Être là, non centré, signifie :

Si je ne suis là qu'avec ma tête, je vous, et me, plongerai dans la rationalité, et bloquerai la dimension réceptive.
Si je ne suis là qu'avec mon cœur, je plongerai, et vous plongerez dans l'émotionnel (pas toujours bénéfique).

Si je ne suis là qu'avec mon corps, je ne serai là que partiellement et ne pourrai pas aider l'autre qui ignore le moyen de se décrypter.
Si je ne suis là qu'avec mes fonctions sensorielles, mes antennes, par exemple :
– *Mes yeux :* mon regard ne peut saisir qu'une infime partie, ou celle qui trouve un écho en moi.
– *Mon écoute :* sans m'en rendre compte, je peux scinder des éléments parce que, en moi, ils sont bloqués.
– *Mon toucher :* je peux mal toucher et faire mal ce que je crois faire bien, parce qu'il n'y a qu'une volonté de bien faire.

➥ Être centré veut dire et exprime :

Être en toute simplicité dans mon être entier, et me positionner à partir de là. En me contactant jusqu'au plus profond de moi, en vous accueillant sans filtre bloquant.
En prenant conscience de ce qu'il y a, de ce qui est.
De/dans ma vérité, je « reçois l'autre », avec ce qu'il vit et ce qu'il peut vivre s'il : l'accepte (il est libre) ; se donne (il ose) ; s'ouvre à vous (il a confiance).

C'est ça qui lui fera se rencontrer, se contacter lui-même, et se diriger vers sa vérité. C'est être ouvert à soi et ouvert à l'autre car, dans cet état d'être, si un élément implique la vigilance, je le perçois et j'y réponds.

C'est l'une des façons d'assurer une réelle protection.

Être bien centré, c'est être : ancré (en base), attentif, vigilant, globalisé, intégré (en soi), présent. Mais aussi, c'est être : simple, sobre, dense, vrai. En sécurité et, de ce fait, sécurisant. Stable, même si mutable !

➥ **Être ancré, être en base, c'est :**

Avant tout sentir que l'on peut être dans ses pas, et savoir reconnaître le chemin d'accès pour pouvoir y revenir si besoin.
Dès que l'on prend conscience d'être en dehors du sentier, la réaction doit être immédiate ; ce recul permettant d'y revenir immédiatement.
Quelque chose de palpable, de physique, d'énergétique.

Et cela fait toute une différence !

➥ **Ne pas être ancré, c'est :**

Lorsque je fuis, que j'évite, que je ne fonctionne que sur certains niveaux.
Lorsqu'il n'y a plus d'ouverture du cœur, que la tête est trop importante (« sur-analyse » au lieu de « synthèse »).
Lorsque le corps est trop lourd, coincé.
Lorsqu'il n'y a plus de sensation au *toucher*, et que sans aucun doute je me vis et me révèle coupé !

La conscience de ne pas être ancré m'incite à l'ouverture et, bien souvent, m'apporte la réponse. Cela m'éclaire sur le processus qui m'a conduit à cette coupure.

Lorsque je suis ancré, je suis bien dans mes « baskets », j'ai les pieds bien sur terre, et je suis en concordance avec le temps.

Quand je me coupe, je me trouve confronté à une résonance entre mon vécu et celui de l'autre, et tous nos problèmes non résolus me font peur ou peut-être mal, d'où fermeture ou/et désancrage. Lors de désancrage, je suis instable dans ma vie, dans mon quotidien, ce qui peut entraîner, à la marche, des petites pertes d'équilibre et des basculements.

J'oublie, je ne suis pas vraiment présent, je flotte, je rêve, je laisse traîner des choses, j'en perds d'autres, j'oublie des mots, des tâches… J'ai l'impression de ne pas disposer d'assez de temps pour gérer convenablement mes obligations, ou encore, je ne le vois pas passer, il me file entre les doigts.

Je suis déstabilisé par une vie dispersée que je subis en tant que spectateur ; je deviens brouillon, un peu négligé...

Je ne sais plus faire face à...

Un être désancré est un individu non globalisé, éparpillé et dispersé. La première étape consiste à reconnaître mon état. Après ce constat, le processus constructif sera d'arriver à être, à me globaliser, puis à retrouver sens, attention, vigilance, présence et unité.

c) Les peurs

Il est normal d'éprouver des peurs, mais il ne faut ni les entretenir ni les fuir.

Lorsque l'on a vraiment conscience de soi et de ses propres fonctionnements et que, en phase d'écoute, on est confronté à une peur, on devine en elle une délivrance, un interlocuteur qui ne demande qu'à se révéler. C'est une rencontre qui permet d'avancer.

J'observe cette peur, je me prépare, je m'avance, je la pénètre consciemment pour l'explorer, l'exploiter, et cela me permet de la traverser en la transformant en lieu de connaissance. Alors, elle se transformera en joie.

Ainsi libéré d'une émotion qui freinait mon ascension, je serai plus conscient et découvrirai, à mon grand étonnement, une délivrance, un soulagement, une sensation de liberté. L'obstacle s'en trouvera amoindri, et je me dirai : « Ce n'était que ça sur quoi je butais ? Ça qui me faisait tant souffrir, qui m'a tant limité ? »

d) L'état de paix

Cet état, lorsque l'on est capable de l'atteindre, offre un plus considérable :

- Économie d'énergie et de stress.
- Fin des notions de tensions, de luttes, d'efforts, de forçage ou de volonté agressive... Il suffit de prendre notre

élan pour œuvrer dans le sens du fil conducteur, et de nous autoriser les actes et les paroles qui permettent d'avancer.

➢ Dans la tête, c'est un repos bienfaisant, ou une pensée claire, juste, éclairante.

➢ Une juste observation/compréhension.

e) Rappel important

➥ Être présent, c'est :

L'excellence, et non la perfection et/ou la compétition.
Faire ce que j'ai à faire, là, avec ce qu'il y a.
Sous cet angle, je suis à l'aise, bien à ma place. Je reconnais que je fais ce que je peux, et j'accepte cette idée. De même, j'accepte mes limitations. Parce que je vis, je m'autorise à subir l'émotion du moment, tout en sachant qu'elle donnera sur une ouverture…

➥ Un corps bloqué, ou coupé, signifie :

Raideur, manque de souplesse (au sens propre comme au sens figuré), diminution de l'aisance, augmentation du poids (prendre des kilos ou simplement se sentir lourd), bras très ou trop rapprochés du corps, souffle court à l'effort, marche longue difficile, mobilité réduite et pénible.
Je dois alors me poser quelques questions : depuis quand suis-je ainsi bloqué ? Quel événement professionnel, quels accompagnements, difficultés avec un soigné, ou prises de conscience non gérées sur le moment peuvent être en cause ? Dans ma vie personnelle, quels changements, épreuves, contrariétés, ruptures, pertes, deuils ? Dans ma vie spirituelle, quelle est la question du moment, sur quoi suis-je en train de buter, sur quelle valeur, quel élément, quel choix à faire ?

Soyez honnête avec vous-même.
Allez, osez aller le plus loin possible !

L'autothérapie est un moyen fort et rapide d'aboutir à la guérison, parce que la personne qui cherche sa vérité a pris elle-même la décision de se mettre à nu, de se dévoiler. Elle sait parfaitement que c'est en étant elle-même qu'elle sera vraie et dans le vrai. Au besoin, elle cherchera à se faire aider.

Simultanément à son travail psychologique, et plus concrètement, elle pourra également favoriser le décoinçage en se démenant, en faisant du sport (marche, vélo, natation, danse...), en se faisant masser et aimer... et constatera rapidement, qu'en plus de la découverte de la cause, elle accédera à la compréhension, à la perception des divers éléments, et saura pourquoi ils rejaillissaient sur elle, en elle.

Passé, présent, avenir ? Peurs ? Doutes ?

De ces divers paramètres jaillira un grand bien-être, un mieux-être, un mieux-vivre.

Mais, au-delà de tous nos freins intérieurs susceptibles d'entraver le *toucher,* il existe également des freins extérieurs dont, par exemple, les gants qui sont des éléments de sécurité ; sécurité oblige ! Le gant limite en effet le contact de la peau du soignant avec celle du soigné. Mais le *toucher,* au travers de cette matière, doit tout de même exprimer clairement mon intention, mon offre, et il est primordial que le courant continue de passer. Ma main et ma conscience ont un message à transmettre, et selon ce que j'y mettrai, cela passera ou non.

Cet aspect du *toucher,* que l'on nomme *toucher-énergie,* est indissociable de l'acte de toucher. Un *toucher* technicien ne réparerait qu'avec beaucoup de chance, ou de façon éphémère. Il n'opérera que sur l'apparence et les conséquences, mais pas sur le fond, ni sur les raisons profondes !

2. La rencontre

Commencez par apprendre à vous toucher vous-même.

➥ Toucher et pratique du toucher :

Massez-vous le dos, les mains, le visage, la tête, les pieds, la poitrine, le thorax. Tout le corps.
Massez-vous ! Touchez-vous pour être en corps et en contact avec vous-même, pour vous renforcer, être plus présent, plus dense. Pour savoir et pouvoir toucher.
Acceptez vos tâtonnements, poursuivez votre recherche du vrai, et aimez-vous d'avoir osé vous avancer chaque fois un peu plus dans cette recherche.

Celui qui s'aime
reconnaît et constate ce qui, en l'autre, est aimable.
Ce qui, en l'être, est digne d'être aimé et reconnu,
dans sa capacité de devenir,
ce qui lui redonne l'élan, l'énergie, pour vivre ou revivre,
et la force pour traiter ses faiblesses.

Aimez-vous, même si vous n'êtes pas sûr de vous, même si vous hésitez, car tant que vous cherchez le juste milieu, vous êtes dans le vrai et, chaque fois, votre *toucher* est plus juste.

Mais, en même temps, n'oubliez pas que de votre ouverture dépend votre développement personnel, votre actualisation, tant dans votre vie professionnelle que privée. Vous devez comprendre et accepter que cela ne puisse se faire dans la précipitation. Avancez donc pas à pas, à votre rythme. Chaque fois, vous serez plus confiant, plus rassuré, plus assuré et sûr de vous.

Le soigné saura, d'ailleurs, rapidement reconnaître la métamorphose qui s'est opérée en vous.

En revanche, il est sage, et cela fait partie des conseils de sécurité, de faire un break pour se donner le temps de vivre, de s'accorder une pause entre travail et vie personnelle.

Lorsque l'on a terminé sa journée de travail, il est nécessaire de classer ses idées clairement, de laisser de côté ses préoccupations professionnelles en les mettant au rebut pour la soirée. Dès que l'on quitte le lieu d'activité, il convient de s'offrir un moment bien à soi : musique dans la voiture, marche dans les bois, mouvements… à chacun son truc. Après, seulement, on pourra penser aux tâches domestiques qui nous attendent. Ainsi, nous épargnerons bien des interférences, des perturbations, des tensions et des charges à notre famille.

Bien entendu, cela est aussi vrai en sens inverse, lorsque nous quittons notre domicile pour prendre nos fonctions.

Aborder sa famille après avoir vidé ses valises du jour, c'est sauvegarder sa vie personnelle, c'est préserver les siens en prenant grand soin de ne pas les encombrer. Cet exercice personnel est excellent. Il favorise le ressenti, la perception, l'intuition et l'écoute. La synthèse des informations sera alors plus rapide, plus évidente, plus simple et même plus complète.

En travail de groupe, je propose un dépoussiérage, une mise en route, un ajustement et un dégagement adapté à l'« entre-deux ». Mais on peut faire la même chose avec ses collègues, avec des amis, jusqu'à retrouver la joie, le rire, en tout cas la détente, et une oxygénation cellulaire appropriée au travail.

Paradoxalement, et malgré la nécessité incontournable de l'« entre-deux », il est important de rester le même, de conserver la même apparence, tant au travail qu'à notre domicile, et ce afin de ne pas créer de barrières inutiles, sources potentielles de conflits. Effectivement, comment pourrais-je imaginer une seule seconde apprendre à mieux travailler, à mieux toucher, si ce souhait n'est vécu que d'un seul côté de ma vie ?

Ce serait créer un clivage, un décalage, un plafond bas dans ma vie personnelle, une limitation dans mon être, lequel s'en trouverait faussé et risquerait à tout moment la casse car, dans ce cas, il y a pression d'un côté, et dépression de l'autre, ou encore échec et culpabilité/fermeture, à cause d'une tension excessive que l'on se fait subir pour rien.

Le travail de *toucher*, intégré aux soins, fait tomber ce clivage.

a) *Toucher* et dépendance

Sujet important s'il en est, car si trop toucher entraîne la dépendance ou la co-dépendance, il faut savoir que, pour en sortir, force, courage et volonté sont indispensables.

Toutefois, il faut savoir que si le geste a été posé de la sorte c'est que, à sa base, il y avait un comportement acquis et non inné de la personne, répondant à son besoin artificiel et non pas naturel, c'est-à-dire juste. Alors, il est vraiment urgent de regarder dans sa propre vie !

Toucher trop ou mal crée un pouvoir sur l'autre, ou/et un mélange d'énergies du style : appropriation, dépendance, co-dépendance.

Se libérer de cette tutelle pour en libérer d'autres

Un dépendant rend les autres dépendants donc, un dépendant libéré libère toute une chaîne de dépendances (c'est un processus comparable aux wagons d'un train !). Chaque maillon qui se dégage va, en réaction, délivrer pas mal de monde, famille, amis, collègues qui, à leur tour, délivreront d'autres personnes autour d'eux. La personne ne sera plus rattachée aux autres ni aux conventions, pas plus qu'elle n'assujettira l'autre à ses attentes.

Devenir libre concourt et participe à redonner aux autres et à soi la liberté et un pouvoir d'être plus forts, donc une action de création de sa vie, plus grande, plus forte et plus juste.

Comme dit mon jeune fils : « Maman, ne me "bébéise" pas (plus). » Ce qui signifie : « Retrouve ta vraie place, laisse-moi à ma vie, à mon énergie, à la découverte de mon autonomie. »

b) *Toucher* et réalité

Tout, dans la vie, est source d'évolution et d'apprentissage, même la difficulté et la souffrance. Si l'on analyse la situation après une période difficile, on peut souvent découvrir une évolution positive : on trouve une mine d'or, des enseignements, des éclairages sur notre vie, notre façon de vivre, et sur la vie en général.

Je me félicite de vivre, et je remercie la vie de me donner de quoi grandir

Ainsi, la souffrance change de sens, et change le sens de la vie. Elle devient enseignement et, peu à peu, je deviens capable de suivre l'enseignement de la vie, dans le quotidien, dans le réel, et dans l'accord. L'observation juste des éléments de son existence permet le repositionnement et l'adéquation. L'impact sur la santé est tel que cela en est parfois époustouflant !

c) *Toucher* et limites

Les limites seront abolies si vous êtes dans le vrai car, alors, vous ne vivrez le *toucher* que jusqu'où et comme il est possible d'aller. Il faut faire avec ce qui est, avec ce qu'il y a, au moment où…

Des limites, il y en a partout et nous en avons tous, moi, l'autre, les autres en général. Chacun a son moment, son vécu, sa souffrance, sa fermeture, consciente ou inconsciente, ses aptitudes, son développement et son ouverture.

Il s'agit d'être honnête avec soi-même, de se reconnaître, pour, avec et dans ce que l'on vit ; il s'agit de savoir se positionner face à l'autre, avec ce qu'il est et ce qu'il vit lui-même. Il est important de s'ajuster dans le plus grand respect !

La véritable limite vient de la rencontre, de sa profondeur, de sa richesse, de ce qui émane de chacun des deux : soignant et soigné, et de leurs places respectives.

Plus le soigné est libre, ouvert, acceptant, plus il a de dimensions exploitées, reconnues, vécues, et plus le soignant pourra aller à sa rencontre et élargir son champ. Les limites qu'il posera peuvent se reculer, voire l'ouvrir, lui, en tant que soignant.

C'est là qu'il faut poser intégrité, honnêteté et amour de soi, en s'acceptant dans ce qu'on est, et en reconnaissant l'autre dans sa beauté, dans sa personnalité, dans ce qu'il ouvre. Ce qui permettra une belle relation, enrichissante et libre, avec un champ du possible agrandi.

À l'inverse, je dirai que, lorsque la limite de l'autre est contenue, farouchement défendue ou volontairement maintenue, il est évident que le champ d'action diffère. Il est probable que ce retranchement est la seule forme de liberté qui lui reste ! Il trouve là la certitude de ne pas s'effondrer ou de ne pas être annihilé par son entourage, ses difficultés, ou plus précisément par une relation pénible et lourde !

Le bousculer à ce moment-là consisterait à s'imposer, à forcer, à ne pas respecter, et même à exercer une forme de pouvoir sur celui qui, devant vous, souffre déjà de ces abus ! Chacun, soignant et/ou soigné, a ses limites, sa pudeur, sa méconnaissance ou sa connaissance, sa conscience du corps, sa liberté personnelle, sa sensorialité et sa sexualité. Vécue, reconnue, acceptée comme telle, placée, gérée, celle-ci ouvrira à une autre communication : ni inhibition, ni pudeur excessive, ni blocage, ni verrouillage et, de plus, aucune interprétation sur un *toucher*, d'où une aisance relationnelle plus grande.

3. Comment aborder les limites du soigné ?

Lorsque le sujet souffrant n'est accessible que par la base, c'est-à-dire les pieds, il faut œuvrer avec le plus grand respect de lui-même et de son rythme.

En pratique, c'est savoir se mettre à terre, à ses pieds, et les toucher, s'il le permet, pour entrer en contact et lui redonner une plus grande estime de lui-même ; lui redonner le sentiment qu'il est tout aussi important qu'un autre, et qu'il a le droit d'avoir comme quiconque ses faiblesses. C'est un respect sans lequel il ne peut ni se défendre ni s'affirmer.

Se mettre aux pieds d'un soigné, devant lui assis dans son fauteuil, ne diminue jamais un soignant ! Au contraire, cela l'oblige, l'entraîne, l'amène à plus d'écoute, à être au plus juste possible. Ce n'est qu'ainsi que le souffrant pourra sortir de son mal-être, de ce qu'il peut ressentir comme une déchéance, un déni de lui-même, pour entrer dans la reconnaissance de son droit à la vie.

Peut-on appeler cela de l'amour inconditionnel ? Peut-être. En tout cas, c'est pour moi, soigné, être accepté dans ce que je suis, et c'est pour moi, soignant, m'accepter dans ce que je suis.

Pour tous deux, c'est une relation placée dans l'essentiel, dans l'instant et dans la libre circulation d'une communication dès lors débloquée.

Le point essentiel à ne pas négliger repose sur la suite à donner à ce geste : la sortie. En effet, il est tout aussi important de savoir se relever en maintenant le rapport juste, sans rompre ni dénaturer la relation ; il faut savoir la faire évoluer justement afin de conserver un espace plus riche d'expression, une plus grande liberté propulsive, pour le retour du soigné vers les autres.

Ce qu'il vit avec le soignant lui autorise et lui redonne l'ouverture aux autres ; cela lui permet d'être réceptif et plus à l'aise avec lui-même.

Devant la souffrance, il faut savoir se mettre « à genoux », savoir se positionner plus bas que celui qui a perdu honneur, dignité, fierté, forces, moyens, biens, argent, santé... car, paradoxalement, cette attitude permet de s'élever pour donner au souffrant le courage de se relever. Ainsi écouté, ainsi regardé, il se dégagera de sa propre culpabilité, ne subissant plus les regards de mépris, de fuite ou d'hypocrisie qu'il a trop souvent supportés.

Ce n'est qu'un détail, mais il est de taille ! Grâce à ce moyen de communication, il pourra retrouver matière à se grandir, à se dégager, à sortir de lui quelque force – si minime soit-elle – qui fera toute la différence et qui réactivera et l'énergie indispensable à son bon fonctionnement et le moteur : la volonté et le désir de vivre.

C'est un toucher précieux qu'on peut pratiquer à partir de ce contact avec les pieds de l'aidé, et avec les yeux bien en face des siens, acteur créatif dans l'écoute, où le regard est lié au travail des mains et aux respiration/souffle du soigné.

> ***Être dans le juste donne l'acte juste,***
> ***hors du vouloir,***
> ***hors du pouvoir que l'on peut prendre sur l'autre.***
> ***Laissez l'autre libre ! Gardez-vous libre !***
> ***Laissez libre le passage à la vie !***

a) *Toucher* et attente

N'attendez rien et tout arrivera en douceur et en souplesse. Ne pas être en état d'attente est le gage d'une liberté et d'une conscience dégagées de toute obstruction qui pourrait perturber ou fausser votre ressenti. Ce dernier pèserait alors en l'autre et lui apporterait des charges supplémentaires pouvant l'entraîner vers la dérive. « L'humeur d'une plaie, pour s'épancher, cherchera une autre sortie… »

Au lieu de l'accompagner vers la voie de la liberté, vous risquez d'obturer le passage – telle l'humeur d'une plaie qui chercherait par tous les moyens à s'échapper – alors que votre approche était d'ouvrir ce passage à plus de flux de vie circulant librement.

N'ajoutez à votre acte que votre confiance, votre amour et votre paix, et laissez l'autre se vivre avec ce qui le concerne. C'est sa liberté !

Passera en souplesse ce qui a à passer, ce qui peut passer ! C'est en faisant preuve de tact et de patience que les situations nouées peuvent se dénouer. Le temps est notre allié, et lui seul peut nous révéler pourquoi et combien il était nécessaire d'attendre.

C'est un peu comme si vous vouliez passer de A à Z en occultant toutes les autres lettres de l'alphabet. Mais, comme chacune d'elles est précieuse, très vite vous reviendriez sur vos pas, pour recommencer ce qui a été saboté. Sur le chemin de la guérison, chaque pas est indispensable, surtout lorsqu'il s'agit de reprise en main de sa vie.

b) *Toucher* et forcer

Se forcer, c'est se contraindre ; c'est sortir du simple pour entrer dans le compliqué, en faussant tout un principe de vie qui s'organise autour de réseaux divers. C'est rompre l'harmonie naturelle, et se couper ou/et couper l'autre des actions bienfaisantes propres aux lois naturelles.

Ne pas se forcer, c'est être libre de ses propres choix.

Faire le choix signifie
rentrer en profondeur dans la perception des éléments
et dans la compréhension des réponses
autant que des actes à accomplir.
C'est se saisir en devenir, trouver le ton et le geste justes.
C'est être libéré, dégagé, allégé, à l'écoute !

c) *Toucher* et odeur

Il me semble important d'aborder cet aspect du sujet.

Un être mal aimé, mal aidé, mal touché ou pas touché du tout possède, tout comme sa maladie, une odeur caractéristique.

Pour le soignant attentif, dès la première rencontre l'odeur est un signe qui, « entendu », évoluera de façon notable, en donnant de précieuses indications.

d) *Toucher* et peau

La peau est l'enveloppe qui relie l'intérieur à l'extérieur. Les *bien-touchés* et les *toucheurs*, les *donneurs de toucher*, ont une peau chaude, souple, fine et douce. La peau peut vous parler, de par sa texture, sa couleur, son grain.

Il m'arrive de me demander sous quelle peau se cache celui-là qui s'« étouffe » et se rend malade, et depuis quand ? (Ne pas confondre le « quand » de l'apparition des symptômes, et celui de la cause, de l'origine des symptômes.)

e) *Toucher* et perte de contact

Lorsque les enfants, un ami... s'approchent et me touchent, et que je réagis en m'écartant, en refusant, en invoquant une quelconque raison à mon refus, il est indispensable que je m'arrête un temps pour observer ma vie. Je dois rapidement me poser les questions suivantes : « Depuis quand, et pourquoi cette fermeture ? Est-ce un éclatement de mes énergies, ou des charges gardées ? Ma prise de conscience n'a-t-elle pas réussi à émerger ? »

La prise de conscience n'est pas à elle seule la porte de sortie, mais accéder au savoir me libère, et y travailler me dégage !

f) *Toucher* et secret(s)

Il est utile de rappeler qu'un secret, dans son essence voilé, occulté, dénaturé, ou omniprésent, est souvent intensément actif, et qu'il peut être la base, l'origine de la pathologie du moment.

Il est utile de veiller à ce que ce secret, une fois déposé au soignant, ne soit pas étalé, ni ne fasse l'objet de fuites dans le service, ce qui pourrait avoir de graves conséquences en cas d'éventuelle maladresse d'un soignant.

Tant que le critère de confiance est présent, et qu'il permet de percer le mur, de lever le voile, la guérison est en cours. Il est implicitement entendu que le soigné est touché par cette relation de confiance, qui lui permet de se repositionner, de se dénouer. Bien entendu, il compte sur cette discrétion.

Il serait peut-être nécessaire, d'ailleurs, de mettre en place une personne chargée de superviser le rôle, le travail, voire la charge du soignant. Ce service pourrait, si besoin, le conseiller utilement et lui faciliter la tâche. Un service au service des soignants en quelque sorte. Est-ce pour bientôt ?

g) *Toucher* relais

Il faut parfois accepter d'être touché, en tant que soignant, pour pouvoir reconnaître, constater simplement qu'avec ce malade votre tâche n'est pas de toucher. Votre attitude, votre respect, votre ouverture créeront les conditions de la prochaine rencontre, celle où un autre aura à poser cet acte de *toucher,* cet acte de vie.

La relation se passe alors entre l'autre toucheur et le patient. Elle ne vous appartient pas, et vous n'intervenez qu'en tant que simple relais.

h) *Toucher* et différence

Nous sommes tous des êtres uniques, différents, plus ou moins marginaux selon les normes en vigueur.

Mais, il est rassurant de constater que toutes nos particularités s'additionnent les unes aux autres, permettant ainsi les rencontres.

Même si nous n'en avons pas vraiment conscience, chacun de nous apporte son unicité, sa complémentarité, qui enrichit notre propre personnalité et favorise l'ouverture, permettant ainsi de mieux accueillir l'autre, en acceptant et en respectant ses différences. L'addition se transforme souvent en une multiplication, tant l'échange, s'il est profond et sincère, devient simple et puissant ; il intervient au plus profond de notre être.

Lorsqu'on ressent ce courant d'énergie, la rencontre s'enrichit et l'ignorance se transforme en source de connaissance, en respect de la vie elle-même, des humains au sens large du terme.

Quand elle circule librement, cette énergie est bénéfique à chacun, car elle ouvre de nouveaux horizons, de nouveaux passages qui permettent d'aller de l'état de la maladie, de la souffrance, vers un état transitoire.

Rien ne peut être plus riche d'enseignements qu'une vraie rencontre. Autant de livres, de techniques, de cours, de films ne pourront se substituer au contact; ils ne resteront toujours qu'un complément théorique, car ils ne peuvent traiter que les grandes lignes, que l'ensemble, sans pouvoir jamais, bien entendu, entrer en profondeur dans chaque cas concret. Hélas, ils sont trop souvent de pâles substituts, inconsistants, pauvres et réduits, parfois réducteurs.

CHAPITRE V

Toucher et accompagnement
(la rencontre qui autorise l'accompagnement tout au long de la vie)

1. Comprendre pour accompagner

Le travail d'accompagnement signifie toujours : connaissance de soi pour reconnaître ce que vit l'autre.

Pour celui qui souffre, le *toucher* signifie :

➢ Si une main se pose sur moi et me reconnaît comme un être humain, je peux me prendre en main.

➢ Si une main me touche doucement là où j'ai été touché si durement, le passé se recompose autrement, mon présent se transforme, et je me débloque. Donc, je retrouve sens, raison et liberté d'évolution et, souvent, j'obtiens ma guérison.

➢ Si une main m'offre ce contact, si apaisant et si vivant, je peux me ressentir en vie et exprimer la force de vie qui est en moi.

➢ Si un seul être me touche, c'est que je suis important pour la vie, que je suis revenu au milieu, avec les autres, donc que je peux m'autoriser à vivre.

➢ Si je reçois un contact par le *toucher,* ma force de vie se développe, je me réveille, et je peux agir dans le sens de la vie.

Le rythme a également une importance considérable. Accompagner, c'est chercher le plein accord avec l'autre et se mettre à son niveau, sans pour autant se plier à lui ; c'est savoir marcher à son rythme, le temps nécessaire, tout en gardant notre rythme propre.

Néanmoins, toute expérience ayant une influence sur notre comportement, l'accompagnement parviendra à structurer la personne accompagnée et l'accompagnant lui-même :

➢ En les désinhibant.
➢ En les dépouillant de ce qui est en trop, qui ne sert plus.
➢ En leur permettant d'intégrer des plus qui vont les structurer en les renforçant dans leurs bases et en les enrichissant dans leur être.
➢ En les augmentant de forces nouvelles, de conscience élargie et de capacités supplémentaires.
➢ En leur faisant découvrir le sens du don libre, la réalité de la valeur de chacun, où qu'il se trouve et quel qu'il soit, et donc, les fruits de la rencontre.

a) Les dépendants (drogués, alcooliques et autres)

Tant de « voyages » – même s'ils ont pu s'avérer instructifs, jusqu'à un certain point, sur ce qu'est la vraie vie et ses rouages – les ont éparpillés et souvent encrassés. À l'évidence, ces dépendants ont besoin d'être reconnectés.

Leur immense inconfort vient de la différence énorme – qu'ils croient non rattrapable – entre ce qu'ils ont perçu, ce qu'ils ont acquis, et ce qu'ils vivent, souvent au milieu de contextes défavorables tant dans leur famille que dans leur entourage ou dans la société en général : désunion, chômage, pauvreté, manque de valeurs, volontés sociales basées sur le paraître, richesse étalée, refus d'adaptation et de changement.

En même temps, ils sont presque en axe et en accord avec le futur et les transformations nécessaires, quand ils ne sont pas trop « partis », errants, donc perdus et en perte d'eux-mêmes.

Lorsque l'attente est réelle, le *toucher-pieds* permet de les reconnecter, et l'écoute favorise le centrage. Après un si long chemin de galère, ils ont en face d'eux des personnes vraies, authentiques, solides, bien ancrées, centrées et ouvertes, ne les jugeant pas, ne les dénaturant pas, se contentant de leur confirmer comment intégrer et vivre leurs acquis, ayant l'ouverture et l'acceptation, sinon la compréhension de la dimension et du vécu spirituels.

Long et délicat travail de clairvoyance, de temps à se donner, de force à sortir afin qu'ils réussissent à leur tour à poser les bases d'un engagement à une mutation, d'un accord à ce travail de mise en place. Car il s'agit plus d'une mutation que d'une guérison.

La confiance à leur offrir servira de base, sur laquelle le travail se construira. Il faudra ajouter le réglage de la respiration, du souffle, la reprise en main du corps, la réorganisation du temps et la réintégration (ou la formation) professionnelle. Car, souvent, la guérison amène à devenir un autre être, plus complet, plus riche, plus ouvert, et une formation complémentaire s'avère nécessaire, même si elle est parfois très différente du premier choix professionnel.

Elle comporte souvent deux volets : l'un en relation avec des métiers d'art (musique, peinture, sculpture, écriture, créativité), et l'autre en relation avec des métiers plus physiques qui serviront à mieux reconstruire un corps, ou une discipline permettant de se restructurer.

Ils ont déjà l'impression d'être en prison sur cette terre, à l'étroit dans une coquille inadaptée à eux et au temps réel. Les enfermer est-il la vraie solution ? La désintoxication obligée, sans aucune volonté personnelle et consciente peut-elle réellement aboutir ?

Je pense que de nouvelles structures pourraient se mettre en place, à partir d'un autre regard sur leur vécu et leurs expériences, en incluant les dimensions spirituelles et la réalité énergétique de l'être, en apprenant à reconnaître ce qu'ils sont et ce qui, mal géré, les fait disjoncter.

Eux se shootent à la drogue, alors que d'autres les y incitent et en profitent, ce qui leur offre l'occasion d'exercer une forme de pouvoir ; ce qui est plus facile que de porter un regard attentif sur le sort de ces individus en détresse.

De quel droit les met-on au ban de la société, alors que même si les moyens divergent, on peut constater qu'ils ne sont pas les seuls à se droguer. Certains s'enivrent de l'accumulation de biens, socialement correcte, mais qui cache souvent une profonde misère morale, semblable à celle des drogués.

Lorsqu'ils ne font pas usage de stupéfiants, d'autres encore consomment des drogues plus légales telles que l'alcool… qui, présent au quotidien ou absorbé dans des dîners mondains, procure toujours une illusion de force.

Tout cela ne passe pas inaperçu, surtout aux yeux des adolescents drogués, qui portent sur la société un regard acerbe et qui se sentent meurtris de n'être pas compris, pas respectés ; ils se vivent comme dénaturés.

D'autres encore accumulent les B. A. S. (bonnes actions sociales), au vu et au su de ceux qu'ils veulent séduire ou convaincre de leur importance ; ils sont très/trop disponibles pour les autres, l'extérieur, et fuient leurs proches, leur chez-eux, leur vie et leur souffrance.

Touchés par cela ? Oui, les jeunes le sont, et ils demandent, ils attendent d'être touchés autrement, d'être entendus, écoutés, acceptés et reconnus, aidés à une globalisation, un ancrage, une autonomie. Ils cherchent à sortir de dépendances trop bien ancrées, dont ils sont conscients et qu'ils fuient pour tomber dans d'autres souvent pires !

De plus en plus, on les retrouve dans des unités de soins pour cause de maladie, sida… car tous n'ont pas l'occasion de découvrir leur vérité ou de dévoiler leurs faiblesses (tentative de suicide, dépression), ou d'exprimer leur besoin d'être choyés, aidés (hospitalisation). Entendus, apaisés, soulagés d'avoir pu déposer ce dont ils se sentent si souvent coupables, ils peuvent ainsi commencer à se reprendre, à vouloir guérir, à essayer de se situer, de trouver une place, et à pouvoir l'assumer.

Certes, les drogués vivent par définition dans un état de dépendance, mais n'est-ce pas la prolongation d'un état antérieur ? De qui ? De quoi ? C'est dans leur histoire familiale/personnelle qu'il convient de chercher… pour que ces êtres se réadaptent à la vie, en réalisant leur mutation. Ils sont souvent

« partis » chercher ailleurs de quoi renaître à la vie, en emportant avec eux le poids de leur origine avec tout ce qu'elle comprend de souffrance. Bien souvent, malgré la richesse inhérente à celle-ci, ils se sont « perdus » dans des expériences multiples qu'ils recherchent sans cesse.

Cette richesse qu'ils portent en eux, et dont ils ne savent que faire, peut être véritablement utile à la vie, les aidant à réintégrer le réel, le concret, à vivre mieux le quotidien, et à se reconnaître.

Ils ne savent pas – si peu d'ailleurs le savent – qu'on peut voyager, vivre, être utile après cette expérience, et progresser à partir de là, jusqu'à se donner une véritable naissance, une vraie vie, en harmonie avec ce que l'on est en tant qu'être, au lieu de se déchirer, de continuer à être le fils ou la fille de telles personnes, avec tel contexte social, tels événements, tels diktats inappropriés. Ils doivent se départir du poids du passé, des déchirures énergétiques et des traces qu'elles laissent.

L'accompagnement est utile dans cette phase de transformation si celui qui la vit sait où le trouver, sait qu'il existe, et si certains soignants veulent bien se former et s'ouvrir à ce besoin criant, urgent ! Cela nécessite de savoir dégager le soigné, de le globaliser, de lui apprendre le centrage, l'autonomie, la sécurité intérieure, l'expérience du « Je », pas après pas.

Tant de jeunes aimeraient s'en sortir ! Car ce qu'ils veulent, désespérément, c'est vivre. Mais ils se sentent trop dérangeants, pesants et se vivent coupables d'être là, d'être si mal, au lieu d'avoir l'espace et la liberté de prendre le risque de vivre, qui leur assurerait l'avantage d'être et de devenir, sans complexes.

Aidés, ils s'aimeraient et accepteraient d'être aimés, au lieu de rester dans l'isolement ou le seul amour des autres. Ils ont découvert un autre pan de la vie, ce qui leur rend difficile le vécu quotidien, jusqu'à ce que cette expérience prenne sa place et devienne dès lors une aide pour vivre.

Il s'agit, pour ceux-là, de pouvoir vivre enfin autrement.

Entre leur entourage et eux règne souvent une atmosphère d'incommunicabilité. Ils ont à gérer leur propre expérience qui, si elle leur est familière, demeure inconnue aux yeux des autres, ce qui rend d'autant plus difficile leur intégration. Et, au-delà, ils ont à gérer la problématique qu'ils posent à ceux qui les entourent. La relation d'aide, c'est savoir cela aussi, et savoir préparer les mutations possibles... Ou s'y préparer.

b) Cancer

Prenons l'exemple d'une maladie suffisamment grave et répandue pour qu'on se soit penché sur le pourquoi et le comment de son apparition.

Elle implique souvent :

➢ Des dépendances, relationnelles ou chimiques.

➢ Une programmation d'un être né des circonstances et d'une éducation déterminée.

➢ Un manque d'accord personnel, manque d'être soi, manque d'être... ce que l'on est.

➢ Des peurs : peur d'être ? de l'autre, des autres ? de soi ?

➢ L'existence de failles énergétiques : « sorties » de soi, plaies, brisures, fissure ouverte.

➢ Des chocs qui engendrent des pertes de contact et des blocages énergétiques.

Le cancer, les maladies graves, les maladies de systèmes créent des failles énergétiques qui ouvrent aux risques de dépendance. Le système immunitaire s'affaiblit...

Pourquoi faire l'autruche et n'en voir ou n'en traiter que les conséquences, alors que les causes sont parlantes ?

Pourquoi ne pas tenter aussi :

➢ De libérer les énergies bloquées.

➢ D'ouvrir à une meilleure circulation.

➢ D'effectuer un travail personnel, une mise en accord, une recherche de soi.

➢ De gérer ses énergies.

➢ De poser de vraies paroles, et non des processus de discours.

➢ D'établir un échange sain, au travers de vraies rencontres, dans lesquelles deux êtres échangent librement, dans un esprit d'ouverture.

➢ D'aboutir à une reprise en main de son autonomie, de sa santé, de son pouvoir de vie à tous niveaux.

➢ D'aller vers une connaissance de son propre fonctionnement.

Soin parcellisé ou soin complet ? Affaire de techniciens ? de spécialistes ? ou affaire de vie, donc, d'être ?

Additionner techniques et moyens, agrandir les possibles, la surface sur laquelle agit la capacité de transformation et de guérison. Et si cela passait par le repositionnement de cette énergie d'amour que l'on appelle humanité ? Cette goutte d'huile, loin d'être un grain de sable, peut remettre en état les rouages de la vie. Si cela passait par un accompagnement véritable ?

Toucher mains rassemblées, parfois bercements, enlacements, proximité relationnelle, intimité acceptée, recouvrent un sens profond : celui de la vie, sans équivoque ni quiproquo. Cela s'apprend !

Chaleur, pleurs, larmes, rires, humour, amour, joies nous conduiront à une acceptation de soi, au « faire avec ». Se dire, se rencontrer, même en groupe, échanger, comprendre ses expériences, ses actions et réactions. En toute simplicité, en toute authenticité. Provoquer des retrouvailles avec soi, avec la vie, avec l'autre, avec les autres !

Et si ceux qui sont parvenus à la guérison venaient participer, témoigner, entraîner, encourager ! Parce qu'ils ont acquis une connaissance, leur expérience est le meilleur point d'appui. Ils sont formés de l'intérieur, savent de quoi ils parlent, ont vécu tous les processus, les douleurs, les souffrances, ont trouvé en eux la volonté de l'effort, puis l'élan qui leur a redonné la vie.

c) Les enfants et la mort subite du nourrisson

L'importance et le sens du *toucher* à la naissance ont déjà été évoqués. Il facilite le placement et la rencontre, la mise en relation lorsque le bébé paraît, sort de sa mère, pour vivre non à l'intérieur du cocon, mais à l'extérieur, à l'air libre, à l'aise, dans son entièreté, dès ces premiers instants.

Chaque fois que j'entends parler de mort subite et inexpliquée du nourrisson, je m'interroge sur la relation qu'il y a eu lors de sa naissance entre le temps de rencontre mère/enfant, enfant/mère, le temps d'intégration, d'incarnation et de globalisation, la séparation ou le non-contact imposés par l'équipe soignante à la mère et à l'enfant, la trop grande rapidité des soins dits « infirmiers », et l'absence du soin essentiel : le *toucher*, reconnaissance absolue et condition de l'adéquation et de la capacité à la vie.

A fortiori, lors de l'enquête on constate qu'il s'agit le plus souvent d'enfants très/trop calmes, qui reflètent la présence-absence, et non l'affirmation, l'intégration à la vie. Ce sont des éléments non « adhérés », non accrochés aux autres. Ils s'éteignent parce qu'ils partent ou repartent. Ne peuvent-ils revenir, en tant que part de conscience ? Part de l'être-énergie ?

L'enfant peut partir à cause de trop grandes tensions environnantes, une pression excessive. Il est sensible à tous les excès (chaud, froid, tension, dépression, chocs, etc.) et donc à trop ou pas assez de *toucher*.

Il se peut aussi que le voyage se fasse et, qu'au retour, il y ait des manques, des parcelles de conscience en moins qui créeront le malaise, le mal-être, le non-fini, en attente. Autant de N.D.E. [1] à connaître ou à reconnaître afin de les éviter et pour qu'elles ne gonflent plus les statistiques (plus d'un enfant mort sur mille par an).

Pour bien les comprendre, il faut accepter la réalité du corps-énergie, et le placement de cette énergie qui se glisse dans l'enveloppe du corps physique pour y trouver sa juste place.

Le *toucher-massage* des bébés est ici très important, surtout celui des pieds qui, comme chez l'adulte, favorise, entretient et crée l'ancrage.

Enfin, la globalisation offerte est le cadeau capital qui aidera au bien-vivre !

1. *Near Death Experiences* : expériences proches de la mort, expériences de mort imminente ou encore expériences au-delà du corps.

Les maladies, chez les nourrissons comme chez les enfants, nous interrogent sur le pourquoi d'une telle souffrance chez des êtres si jeunes, supposés être pleins de vitalité.

Et si la réponse commençait, entre autres, par un manque d'incarnation à la naissance, avec les causes suivantes :

➢ L'ignorance de ce que sont l'être complet, l'énergie et le(s) corps subtil(s).

➢ L'affaiblissement évident de l'immunité, par un surcroît de dépense d'énergie axée sur l'effort à vivre.

➢ Des failles, des absences dans ce corps énergétique, ce qui ouvre la porte aux virus, à la maladie.

Les maladies sont des lieux d'expulsion de ces éléments affaiblissants. Mais, faute de disposer encore d'assez d'énergie, le système ne fonctionne pas et les poisons s'accumulent, pour terrasser l'être sans défense, non globalisé, non incarné.

Parmi les causes possibles de mal-être et de souffrance chez les enfants, on ne peut passer sous silence l'envahissement par le(s) parent(s), sous la forme plus ou moins visible d'un trop *toucher*. Cela concerne les enfants dont les parents sont en permanence sur eux, accrochés à eux comme à une bouée. Combien de mères disent : «Je ne vis que pour mon enfant!» Combien de pères disent : «Moi, je m'occupe de lui tant qu'il est là!»

Cette pression équivaut à une forme d'appropriation. En fait, l'enfant est l'objet personnel du parent, qui a un tel comportement car il lui sert à justifier tous ses actes au nom de l'amour!

Au-delà de l'obsession évidente de ce parent, de sa névrose, il y a, du point de vue énergétique, un mélange entre le parent et l'enfant. Le parent «adulte» qui ne veut pas naître emprisonne l'autre, l'enfant, qui ne peut pas naître ni exister; il dispose d'à peine assez d'oxygène pour survivre.

En cas d'hospitalisation, un tel enfant, isolé de ce parent envahissant, court deux risques :

➢ *L'explosion :* qui se traduit par rébellion, violence, rejet, séparation déchirante pour survivre.

➢ *L'implosion :* lorsque l'enfant enfouit tout au plus profond, se soumet et s'éteint ou fait semblant, en fait adhère aux besoins des adultes qui s'occupent de lui.

On peut s'interroger sur le devenir de ces enfants en tant qu'adultes à leur tour (comportement, communication, pathologies), et se demander ce que sera la vie de ceux qui les entoureront alors et, particulièrement, celle de leurs propres enfants.

d) Comas, chocs, souffrance, « effet-bulle »

Si vous l'ignoriez, sachez que les comateux entendent ou/et perçoivent, ressentent ; ils écoutent autrement ! Sachant cela, si vous les compreniez vraiment, vous sauriez combien vos propos peuvent être blessants pour eux, pouvant même attenter à la vie et à l'étincelle de vie qui les anime encore.

Si vous éprouvez quelque difficulté relationnelle auprès d'un comateux, optez plutôt pour la vérité. Soyez en relation, racontez-lui votre difficulté ; parlez de vous, de lui, de vous et lui. Et ne croyez surtout pas que cela soit inutile, bien au contraire !

> ***Vos paroles, votre vérité***
> ***l'aident à retrouver la sienne :***
> ***à se démêler, à vivre ce qu'il a à vivre.***

Il se sent reçu, accepté, compris, et cela peut faire toute la différence dans ce passage. Plus de vie vers la vie, pour re-vivre.

L'orée de la mort est une ouverture de la conscience. C'est l'endroit où vont se résoudre les vieux dilemmes, fondre les vieux schémas ; où les comportements seront enfin compris. C'est l'accessibilité à soi, l'occasion d'un profond travail qui permettra une sortie de cette tranche de vie, pour une « vivance » dans une autre forme de vie, plus réelle, plus juste, plus adaptée, plus centrée sur l'essentiel, sur les vraies valeurs.

C'est un renouvellement de l'être, une sorte de mue. Le savoir, c'est sortir de la peur de la mort. C'est accéder à l'acceptation du voyage intérieur de l'autre, lui donner le temps nécessaire, l'aider en l'acceptant avec confiance.

C'est pourquoi, après des chocs, des accidents, des maladies graves, tant d'êtres reviennent si différents qu'il ne reste à leurs proches qu'à s'ajuster, alors qu'ils n'ont pas eu, ou à peine, le temps de s'y préparer. Pour eux, c'est la rencontre d'un nouveau soi, si différent de l'ancien qu'il paraît totalement autre, avec un autre fonctionnement tellement irréversible qu'il ne peut plus être remis en question. Il faut bien admettre que ce n'est pas une situation facile à vivre.

Cela est particulièrement vrai pour ceux, très nombreux, qui ont vécu des comas et ont fait des N.D.E. Le *toucher* est un artisan idéal dans ce domaine.

Tant qu'il y a souffle de vie, il y a force à reprendre, à canaliser

Au blessé, à l'accidenté, le *toucher* redonne le contact et lui permet de rassembler son capital de vie normal pour repartir d'un bon pied dans la vie, au lieu de décrocher et sombrer dans la mort ou dans le coma qui, pour moi, représente un « entre-deux », un passage qui ne se fait pas, un choix difficile, en rapport avec l'énergie nécessaire pour faire le parcours de retour à la vie, ou le choix de partir et de lâcher prise. C'est aussi le lieu d'un travail.

Hélas, trop souvent, le blessé/accidenté meurt, non pas de ses blessures, mais de l'état de choc et d'isolement. Il dispose de soins intensifs sur le plan médical, mais souffre de solitude ou d'abandon, sur le plan humain, subtil, énergétique.

L'absence, lourde de conséquences, facilite le départ, alors que la présence juste encourage et permet la vie.

Si le personnel est informé de ce qu'est le *toucher* et qu'il le met en pratique, cela peut augmenter les chances d'un séjour moins long en soins intensifs (un confort pour le soigné), et un retour plus rapide auprès de la famille, des proches, voire avec une abondance de vie redevenue acceptable, alors qu'elle pouvait être nuisible dans cette phase très délicate.

Si l'information circulait mieux, aucun parent, aucun soignant ne rentrerait dans la chambre d'un malade en sur-énergie, en sur-stress, ni en non-maîtrise de ses émotions, pour ne pas gêner le soigné en faisant éclater ses énergies, pour ne pas lui faire encourir de risque majeur supplémentaire.

Le travail de globalisation, de centrage, de réparation nécessaire doit être respecté, la vie de l'autre aussi. Les priorités absolues ne sont pas encore reconnues.

Pour celui qui vit ce passage, cet intermède, cette étape, autrement dit cet entre-deux, une phase d'adaptation et de deuil est nécessaire. Il devra faire le deuil d'avant son avant car, désormais, il ne sera plus jamais le même. Il aura à explorer son passé et à le gérer. Il sera sujet à des réminiscences et ne pourra plus fuir ni éviter les questions essentielles tant de fois écartées.

Cela fera toute la différence : dans un cas, on assistera à un blocage du cheminement, si le deuil de la vie d'avant n'est pas résolu ou mal résolu; dans l'autre, à une acceptation de soi, de la reconnaissance des choix à faire, des éléments à régler, comme ceci ou cela, des personnes à affronter pour régler les dilemmes et cerner les problèmes.

Si le corps parle, si l'esprit souffre,
c'est que les mots disant les maux
ne sont sortis d'aucune manière,
ni envers soi ni envers quiconque!

L'étape de la souffrance est utile si elle est «placée», ou soutenue, par ceux dont c'est le métier. Ce n'est qu'après ses dérapages, ses recherches, ses difficultés, quel qu'ait pu être le vécu, que vont venir tous les bénéfices. Et de cela, on ne parle jamais, comme s'il était anormal, voire culpabilisant, de se laisser aller à être malade, quand ce n'est pas considéré comme lâcheté ou faiblesse.

La force véritable est celle de l'authenticité, de l'honnêteté de se dire, ou de se vivre avec, dans, et à partir de ce que l'on vit. Plutôt que de se cacher derrière des masques ou des paravents qui un jour peuvent voler en éclats, car une fuite peut tout faire éclater. Et là, il faudra bien se faire face, sans avoir pris ni de plan ni de clefs. Il y aura un après, fait de différences notables, de maturité et de sagesse acquises au long de cet entre-deux.

Un temps de préparation et de réparation est donc nécessaire pour arriver à une phase d'adaptation, à un nouveau rythme, une nouvelle respiration. Là, le *toucher* est important, car il apporte à la machine corporelle cette aide indispensable à un nouveau souffle. Cela dépasse même la notion d'humain, c'est vibratoire !

Une acceptation du *toucher* d'une autre personne équivaut à l'intégration acceptée d'une nouvelle tranche de vie, avec tout ce qu'elle contient, et à une socialisation meilleure.

C'est un « oui » à la vie, un accord conscient, facilité par une rencontre, dans le libre arbitre.

Le libre arbitre est un état d'être, qui facilite l'accomplissement

De cet entre-deux, que représente le lieu d'une nouvelle naissance, il faut savoir qu'il y a une richesse d'éléments à retirer, une moisson à recevoir.

Depuis longtemps, une évidence flotte et demeure, celle de l'appel de la souffrance, des souffrances individuelles, de ces individus échoués, en perte, qui nous dévoilent tout ce qui en nous-mêmes n'est pas placé et, en conséquence, pervertit les plus faibles, alourdit le chemin. C'est comme un appel de ces êtres démunis, cassés, à bout, devant une forme de vie inadéquate, incomplète, générant le manque, le mal-être et la mal-vie.

Appel lancé à des soi-disant nantis, équilibrés, sérieux qui, en fait, ne sont accrochés qu'à du toc qu'ils veulent ciment pour s'en fortifier et qui, en définitive, les détruit (sans qu'ils le sachent), les pervertit.

Le danger réside dans le fait de s'appuyer sur d'autres que soi, sur des éléments extérieurs, au lieu de se vivre à partir de soi, dans sa vérité avec ce qu'elle représente.

Cela crée :

➢ Un écart entre ce que l'on veut être et ce que l'on est.
➢ Une distance à franchir pour se retrouver.
➢ Des difficultés pour celui qui tente de nous rencontrer et de communiquer avec nous. Il éprouve de la peine à s'y retrouver.
➢ Un écart entre ce que l'autre perçoit, ose, et ce qu'on lui impose.
➢ Un écart entre ce qu'il sait, et que d'aucuns voudraient limiter.
➢ Un abîme entre ce que signifient vivoter et exister.
➢ Un manque de différenciation entre ce que signifient retenue, limitation, oxygène et liberté.

La seule, la vraie liberté demeure simplement d'être ce que l'on est. C'est elle qui nous offre d'accepter les autres tels qu'ils sont dans leur vécu. L'alchimie ne peut avoir lieu que lorsque l'on sait et peut placer ces divers éléments.

Ma conception de la souffrance est celle-ci :

A — SOUFFRANCE → GAINS → NOUVEL ÉTAT — Z

Le temps et la force de souffrance égalent les gains, fruits, bénéfices, qui en découlent.

Ainsi, à mes yeux, la souffrance donne lieu à plusieurs étapes. L'étape liminaire du conflit, de l'entre-deux que constitue le pont, le passage, le choix et qui ouvre à l'étape du travail, qui seul aboutit à l'évolution. D'où l'importance d'aller jusqu'au bout, pour accueillir, grandir, se renouveler, se recréer autre et meilleur, plus conscient, plus vivant, plus ouvert, plus libre.

Le travail de l'accompagnant consiste à faciliter le passage redonnant à celui qui vit ces différentes étapes le contact avec lui-même et une forme d'autonomie lui permettant de mieux se gérer, s'aimer, se réaliser et apprendre à intégrer tous ses nouveaux acquis. **En fait, les soignants sont des passeurs.**

2. La juste place en accompagnement

Les cas précités sont sérieux mais n'ont pas pour vocation de vous faire plonger dans le sérieux, dans le grave.

Je dis : «Le *toucher* n'est pas anodin. Il est un des besoins essentiels à la vie d'un être.» Mais il en est d'autres : aimer la vie, danser, chanter, faire la fête, aimer, courir avec vos enfants, recevoir des amis, lire, écouter de la musique, faire une balade ou passer une soirée en amoureux...

Tout ce qui agrandit la vie lui donne, ainsi qu'à l'être, de la force. Rire et entretenir la joie, c'est sentir la vie, se sentir vivant! C'est aussi être plus libre, plus «clean», ne pas risquer de perdre les pédales. C'est enfin, se sentir mieux et plus présent dans la relation soignant/soigné; c'est donc retrouver plus facilement la place qui nous est allouée, le geste juste, le *toucher* juste.

Un accompagnement est une rencontre à but thérapeutique, pas une prise en charge, ni un exercice de pouvoir sur la vie de l'autre, ni une conversation de salon ou une séance chez le coiffeur. L'autre, l'accompagné, vient y chercher ce qui va l'aider à franchir son cap, à se retrouver, à se comprendre, à se guérir éventuellement, car une reprise en main de sa propre vie implique toujours une meilleure santé et un plus grand équilibre.

a) Respect de l'autre, respect de soi

Combien de fois avons-nous pu constater l'envahissement du blessé, du malade, l'appropriation de son énergie au lieu de dons, voire sa mise en dépendance qui le privera des ressources personnelles qui l'aideraient à revivre et s'autonomiser pour trouver et comprendre sa place ensuite ? Combien pouvons-nous constater d'abandons, de distanciations malheureuses, de fuites par lâcheté qui laissent le souffrant dans la non-vie, le non-être, le désespoir et le rejet, alors que c'était le moment où il avait le plus besoin d'aide ? Que devient la capacité à donner ?

À quand un panneau, à l'entrée des lieux de soins rappelant aux visiteurs :

Attention, vous ne venez pas pour vous, mais pour celui qui souffre !

N'allez pas vous jeter sur lui, respectez-le, cherchez la juste place, vous en trouverez mieux la vôtre, dans votre vie en général. Vous comprendrez mieux le travail des soignants, comme le sens de la vie.

Encore faut-il que l'humanisation des soins soit systématique, reconnue, acceptée et vécue par tous. Bien qu'elle soit évidente en théorie, la notion de respect n'est pas monnaie courante.

Combien de fois remarque-t-on des malades accidentés, en phase finale ou douloureuse, qui puisent dans leur peu de force vitale de quoi aider et soutenir le visiteur, afin de le rassurer, de dédramatiser, au lieu de tirer de cette visite quelques bénéfices pour leur vie propre, pour leur guérison.

Ils s'effondrent souvent, épuisés, vidés, et souffrant plus encore de la non-communication, de la non-présence, de la captation de l'autre, au lieu de vivre mieux cet échange supposé.

Dès lors, pourquoi visiter le malade si ce n'est pour se donner le sentiment d'accomplir une bonne action, se donner bonne conscience, se tranquilliser dans l'éventualité du pire à venir ? Cela dit, le meilleur est-il encore envisageable lorsque les conditions sont telles ?

Et la maladie, la souffrance feraient-elles rencontrer au soigné son courage, ses forces, sa volonté et son choix de vivre, avec toutes les possibilités que la vie peut lui offrir et les moyens pour lui d'y parvenir, pour se vivre enfin nettement mieux ?

Pourquoi venir « voir » le malade ?

À moins qu'il ne s'agisse de porter un regard sur sa propre vie, de s'offrir une réassurance de se voir, soi, en vie, de se croire à l'abri et de s'y maintenir ? Et partir en laissant l'autre avec la peur de sa propre mort ?

Où se trouve l'amour dans tout ça ? Si rare, si retenu, si enfoui, si peu donné !

Le visité peut se poser des questions sur les motivations de ses visiteurs : « Si là il ne réagit pas, s'il ne vit pas, s'il n'est pas là, alors, quand va-t-il comprendre ce que signifie vivre, quand saura-t-il s'oublier assez, quand pourra-t-il me dire qu'il est là pour moi, qu'il m'aime, à ce moment-là, et qu'il m'écoute si j'ai à me dire. »

Le désespoir s'agrandit si le personnel médical se cantonne dans une présence/absence, refusant lui aussi le moindre contact vrai, en restant dans le superficiel, à l'abri derrière l'aspect technique de la relation, ou derrière son côté mécanique représenté par les questions habituelles posées à la va-vite : « Alors on va bien ce matin ? On a bien dormi ? », quand ce n'est pas pire. Car, il arrive que les portes soient tout bonnement claquées, qu'aucun mot ne soit échangé, que toute forme de respect fasse défaut.

À quoi peut bien tenir le fil de la vie,
si ce n'est à un peu de vie partagée ?

Si le visiteur le souhaitait, son apport pourrait être le moteur d'un retour à la vie, un rappel de l'existence, du sens et de la force de toute vie véritablement vécue.

b) Juste place du *toucher*

J'ai souvent constaté que les domaines où l'on excelle sont précisément ceux où l'on a le plus à apprendre pour soi, sur soi et de soi ! Et donner, transmettre le meilleur de soi-même permet à l'enseignant de consolider en retour son propre apprentissage.

Les réussites professionnelles et personnelles ont souvent lieu lorsque des individus se voient confier des tâches dans lesquelles ils sont le plus à l'aise. Car c'est de là qu'ils transmettent le mieux, ce qui est particulièrement visible en matière de soins.

Aussi ne faut-il pas hésiter, avant de confier une mission à quelqu'un, à l'interroger, à le convier à se dire, afin que cette tâche corresponde au mieux à ses goûts et à ses compétences. Faisant preuve de plus d'entrain, il sera plus à même de véhiculer son goût de la vie, ce qui en soins est capital, voire vital.

La qualité des soins offerts en découlera directement, de même que la renommée du poste, du service, de l'établissement, en aval et en amont. Les soignés, quant à eux, vivront mieux les soins et en tireront tous les bénéfices.

Là aussi, il faut une cohérence obligée avec les professions de foi : celles du soignant et de ses pairs pour le bien du soigné. Il s'agit de ramener, de fait, le droit à la vocation et à son exercice. La différence dans le vécu des soignants et des soignés en sera considérable.

Quant à l'évolution de la pratique du soignant, elle passera par des phases obligées de renouvellement. Elle sera confirmante, structurante, ne nuira pas, bien au contraire, mais affirmera la spécialité et la capacité de celui-ci. Il passera par des phases de rencontre avec lui-même, qui lui demanderont parfois de l'humilité, toujours de la mobilité intérieure et/ou extérieure. S'il n'obstrue pas son développement et s'accorde à la vie, le soignant dans sa fonction se vivra dans l'équilibre et la sécurité de sa vie acceptée. Il pourra conduire son existence, personnelle et professionnelle, en toute sérénité et, dans sa propre ascension, faire croître son prochain. C'est le gage d'un épanouissement en chaîne.

À mon avis, le bénévolat œuvre dans le même sens, car chacun d'entre nous possède ce quelque chose à partager qui s'appelle du temps dans l'amour, dans la disponibilité, dans l'écoute, dans la présence et dans le calme. Et pourtant, nombreux sont ceux qui ne savent toujours pas de quelle façon se rendre utiles et servir la vie !

Si le personnel soignant ne peut pas, si les directions diverses ne leur en donnent pas la possibilité, si leur règle d'or reste celle de la gestion matérielle et technique, pourquoi alors ne confierions-nous pas la gestion de l'humain à des bénévoles, volontaires et formés, préparés à un accompagnement, même non systématique, apporté en fin de vie, mais aussi à toutes les étapes durant lesquelles l'accompagnement est nécessaire, important, capital. Ce plus ajouté peut être capital pour les soignés.

On doit cumuler les forces,
celles des soignants et celles des bénévoles.
Pour cela, il faut former ces derniers,
ou les laisser se former de façon adéquate !
Les soignés ne s'en porteront que mieux,
et le service sera facilité !

c) Juste place de la thérapie

Selon mon éthique professionnelle, les rendez-vous, lorsque cela est possible, me paraissent devoir être volontaires, décidés et demandés par les patients, qui viennent alors ouverts, disponibles, libres et prêts à faire un travail bien réel. Cela fait toute la différence.

Personnellement, je ne suis pas, et je l'ai déjà exprimé, pour les rendez-vous hebdomadaires, que je considère comme les supports de vieilles habitudes propres à recréer le plus souvent de vieux schémas de dépendance.

Les rendez-vous réguliers valent pour les démarrages de la thérapie, dans les cas de maladies lourdes, de phases à risques, de moments limites, à condition de savoir les ré-axer, si nécessaire, vers une liberté plus grande. C'est payant pour le patient, enrichissant pour le thérapeute qui rappelle qu'il ne se pose pas là en gestionnaire d'entreprise, et qui, généralement, a une autre démarche.

Ce qui ne l'empêchera nullement de remplir son carnet de rendez-vous, mais l'aidera à équilibrer les demandes avec ses possibilités, pour mieux se vivre. Là non plus, le trop n'engendre pas le mieux, l'argent n'est ni un gage de réussite ni un gage de sécurité, mais plutôt celui d'un excès de stress.

Savoir être mobile, souple, flexible, est indispensable face à la mutation des patients. Il est aussi important de savoir accorder un juste intérêt à l'entourage immédiat du malade, car ses prises de conscience successives le conduisent à des bouleversements, et même, quelquefois, à l'incompréhension de son entourage.

Quelques-uns y perdent de leurs repères, de leur pouvoir, de leurs habitudes… et cela n'est pas facile à vivre. D'autres voudraient croire et savoir interpréter et commenter ce qui se passe en thérapie, alors qu'ils n'ont pas les données nécessaires !

Plus le lieu d'accroche est touché, plus le lien de dépendance existant entre le patient et un membre de son entourage est fort, plus il y aura, au sens premier du terme, un sentiment de perte pour le second. Alors que si le patient et le thérapeute sont laissés seuls gestionnaires de cela, l'autre, sous réserve bien sûr de se remettre en question, de s'adapter, de s'actualiser lui aussi, voire de changer, aura à terme tout à y gagner.

En thérapie d'accompagnement, de relation d'aide, une seule règle est de mise : à chaque rencontre, s'ajuster. Rares sont les préparations possibles et tout aussi rare la connaissance de la dimension à travailler. Et avec quoi ?

Parole, silence, *toucher*, respiration, écriture, et même marche ensemble dans les bois, exercices de dérouillage et d'ouverture dans la nature peuvent contribuer au bien-être du patient. Il est même possible de travailler au restaurant, avec une efficacité réelle attestée par les résultats, tant on sort d'un cadre limitant pour s'inscrire dans le quotidien, c'est-à-dire là où est situé le problème.

Seules sont en jeu, ici, la capacité à gérer du thérapeute, et la capacité d'ouverture du patient. Cela n'empêche ni conscience ni lucidité mais permet souvent une rapidité extrême de repositionnement du patient.

Ainsi assiste-t-on au développement professionnel, au travail au niveau du corps, à la croissance personnelle, voire spirituelle du patient. Le champ d'expression est vaste et les points de blocage ne sont pas spécialement là où on pourrait le croire.

Une thérapie peut n'être qu'une adaptation à faire sur un comportement inapproprié, sur une vision inadéquate des choses, sur une mauvaise information mal digérée.

On peut s'interroger sur la complexité du comportement humain. Or, celui-ci est très souvent un assemblage d'éléments simples que nous compliquons à loisir. L'homme va chercher très loin ce qui se trouve à portée de sa main.

d) Juste place en salle d'opération

La mémoire du corps fonctionne tout autant que celle de l'esprit. Ses souvenirs sont certes diffus, mais actifs et dangereux.

Combien de fois, après des interventions, sont apparues des inhibitions et des difficultés sexuelles et/ou relationnelles, difficiles à réparer tant l'anesthésie en a masqué ou déformé l'origine. Seule reste une vague empreinte.

Et si nous parlions des conversations de « salle d'op » ? Loin d'être mondaines, elles sont parfois dignes des salles de garde ou des scénarios de films classés X, que les soignants offrent généreusement et inconsidérément en souvenir aux opérés qui les revivront en salle de réveil, dans leur chambre, ou plus tard, en thérapie ! Car les conséquences rédhibitoires de ces mots, voire de ces *touchers*, auront marqué fortement l'inconscient.

Votre vie recèle sûrement d'autres sources de partages possibles, mêmes en ces heures de haute tension. Les centres d'intérêt ne manquent pas, qui devraient vous apporter de vrais ressourcements, plutôt que ces fausses détentes dues à des plaisanteries si lourdes qu'elles vous crispent par ailleurs et, de plus, dénaturent la vie de l'autre, en l'occurrence du soigné, de l'opéré.

En salle de réveil, la même vigilance est indispensable. Le réveil sous-entend veille. Par conséquent, vous devez veiller à la sécurité de l'opéré qui se réveille. Cela implique de veiller au respect de sa dignité, de son droit à exprimer les remontées dues à l'anesthésie, les souffrances vécues devant la maladie, et les douleurs de l'opération.

Veiller, c'est écouter, être présent, en énergie douce. Cela pour ne pas agresser et briser le peu d'énergie qui survit, pour permettre, faciliter le processus de réintégration de la conscience et du champ énergétique, en évitant autant que possible les bruits parasites. Pour un être dont l'énergie est extérieure à lui, le bruit est insupportable, le choquant jusqu'au niveau cellulaire de son corps.

De même, l'agressivité lui fait violence. La fuite des soignants lui fait peur. Et tout cela rend difficile le réveil ou accentue la distance de l'être avec lui-même, ce qui au niveau corporel peut se traduire par des difficultés cardiaques, respiratoires, circulatoires et autres.

Il est bon de vérifier qu'une fois retourné dans sa chambre, hors de la salle de réveil, l'opéré sera accompagné par une personne venue lui porter amour, aide et présence. Il faut accepter cet accompagnement qui, pour le malade, est aussi nécessaire que les soins médicaux.

Il convient donc :

➥ Lors de l'opération :

D'établir un cadre qui respecte le soigné, afin qu'il se sente entouré d'hommes ne travaillant pas sur un corps-objet, mais aidant un corps animé d'une conscience, qui enregistre tout ce qui se vit en ces instants (gestes, paroles, intentions...).

➥ En salle de réveil :

D'entourer le patient d'attentions bien légitimes (mais encore trop limitées, incomplètes ou méconnues), qui lui sont dues et qui rendent le soin aussi complet que possible, en vue de la guérison.

➥ **Dans la chambre du malade :**

Que le personnel prévienne, voire qu'il enseigne l'accueil à lui donner : parler doucement, bouger peu, écouter, poser un *toucher* délicat...

Ainsi traité, l'opéré franchira alors cette étape réellement dans les meilleures conditions. Et le stress habituel de certains soignants ayant fondu au profit de cette préoccupation bien naturelle du respect du malade, ils vivront l'urgence autrement, en énergie douce, sans sur-fatigue, dans la présence.

Chacun étant bien mieux dans son ressenti, des conflits seront évités dans le service, ainsi que des oublis majeurs.

e) Juste place du chirurgien

Ayant beaucoup travaillé avec les soignants, à tous les niveaux, je ne peux passer sous silence une observation particulière aux chirurgiens, tant elle concerne une large part de leur problématique et la difficulté qu'ils éprouvent à trouver eux aussi leur juste place, et un équilibre satisfaisant.

En salle d'opération, les chirurgiens se mettent souvent dans un état qui leur permet d'accéder à tous les éléments concernant exclusivement l'opéré et leur acte, état que l'on pourrait qualifier de supra-conscience leur donnant accès à toutes les dimensions concernées à ce moment-là et à leur plein potentiel.

Ils sont dans la présence totale, font travailler des zones cérébrales non utilisées en dehors de la salle d'opération, sont branchés très haut : maxi-présence, recul total, immédiateté de l'action, absence d'émotion. Cet état provoqué est dû à l'effet d'urgence, dont parlent les initiés en spiritualité. Il permet l'acte total, la fiabilité totale, la perfection.

Oui, mais le problème réside dans le fait de savoir tenir le temps nécessaire, de ne pas être distrait par des bruits ou des éléments parasitants et de savoir en sortir délibérément. Savoir passer de cet état-là à un état de relativité, puis rentrer dans son univers familial, par exemple.

Discontinuité, atterrissage, gestion, souplesse, ancrage, passage : ces états de conscience sont à travailler pour éviter l'épuisement, sinon des difficultés pourront surgir vers 40-45 ans. Car on peut, sans le savoir, à trop demeurer dans cet état de tension, à ne pas se poser, tirer sur le vital. On se déconnecte trop, ce qui entraîne une respiration différente, altérant certaines sphères, ayant des effets sur le caractère, le comportement, puis sur le cœur, le corps, ce qui peut être éventuellement aggravé par la consommation d'alcool, de café et/ou de tabac, qui permettent de tenir la distance, de faire face à la pression.

Face à ce haut niveau de stress, maintenu par des « shoots » divers et quotidiens, à ce contact permanent avec la performance, les autres états de la vie s'apparentent à la médiocrité.

Pour contrebalancer tout cela, il faudrait beaucoup de ressourcements, de vie simple et naturelle, de dégagements, d'humilité et de simplicité.

Il faudrait apprendre à re-connaître ces mécanismes, dont l'ignorance peut entraîner des conséquences nuisibles : clivages, dislocation entre l'homme personnel et l'homme professionnel, l'un étant sur-dimensionné, l'autre sous-dimensionné.

Tenir ainsi dans le déséquilibre et la durée n'est pas chose facile. L'orgueil, le sentiment de supériorité, le dédain vis-à-vis d'autrui prennent parfois le dessus, et aux difficultés relationnelles succèdent les difficultés de santé.

On retrouve le même genre de problème chez les cadres supérieurs, responsables de direction… qui vivent sous pression, dans un état de tension permanente.

Chez certains cela peut virer aux problèmes d'ordre caractériel. Ils sont très forts dans leur domaine, mais totalement ignorants de ce qui ne touche pas à leur supériorité !

La déconnexion d'avec la vie dans son ensemble les isole et les coupe encore plus, rendant leur souffrance parfois insupportable. D'autant que, situés professionnellement au-dessus du lot, ils osent encore moins se faire aider, travailler sur eux-mêmes. Rongés par leur ego et la peur d'appréhender la vérité, de regarder la vie en face, poursuivis par la hantise de l'échec, ils font souvent payer durement leur entêtement à leurs proches.

D'autres sont ailleurs, ne parviennent pas à atterrir, demeurent inaccessibles, comme restés en salle d'opération.

D'autres enfin passent d'un état à l'autre, et déstabilisés par ce va-et-vient, ne parviennent pas à maîtriser la situation. Ils passent par des états de survie et de non-vie. Jusqu'à l'erreur ? En tout cas, jusqu'au choc qui demandera un atterrissage en urgence, ce qui est très difficile alors à réaliser sans provoquer d'effets secondaires : pression et dépression.

En fait, ce qui était un moyen extraordinaire peut devenir un piège, parce qu'il :

- ➢ Est méconnu, dédaigné.
- ➢ Fait appel à des références, des notions, encore trop interdites ou trop taboues.
- ➢ Donne à l'humain sa part et son action sur son comportement physique, psychique et relationnel.
- ➢ Est ce qui permet un meilleur service, un agrandissement de soi, pour le bienfait de l'autre.

À négliger ce versant de la réalité, on perd tout bénéfice personnel et, plus grave encore, on se trouve confronté à une entrave majeure, celle de l'inadaptation grandissante au quotidien.

Comment s'étonner, dès lors, du passage de la hauteur, de la grandeur, de l'exceptionnelle qualité, à un gâchis, à une perte en matériel humain de valeur ? C'est désolant.

Cela l'est aussi de voir un homme plonger, alors qu'il a tout pour s'élever et élever ! Alors qu'il peut plus que d'autres se réaliser et apporter sa part à l'humanité souffrante, tout en vivant un plein épanouissement, et en l'offrant aux siens, tout en ayant les clefs de l'équilibre, du libre passage à toutes ses dimensions et donc, à toutes les vraies richesses !

Le *toucher* est important pour tous ceux (chirurgiens ou autres soignants) qui fonctionnent ainsi, car il est capital de redonner et de retrouver le contact avec le réel. S'en priver et en priver le soigné, c'est négliger une partie importante de son être propre et de celui du soigné. C'est se couper du principe de vie, pour n'être plus qu'un technicien doué certes, mais de plus en plus en déséquilibre à un poste où toute la capacité d'être et tout le potentiel sont requis.

Ce supplément énorme de force de vie et d'énergie qui élève le soignant que, malheureusement, il ne redistribue pas, pourrait restituer l'accès à la vie en l'offrant à ceux qui en ont besoin.

Il n'est surtout pas question d'agir en force mais, au contraire, en douceur. Il s'agit d'apprivoiser cette façon de donner, dans la quiétude d'un être qui a palpé un élément qu'il ignorait, et qui peut assurer, à lui-même comme aux soignés, un supplément important de qualité de vie et un retour à une vie personnelle harmonieuse.

f) Juste place du médecin généraliste

Les patients suivis par les médecins généralistes parlent de leur relation à leur médecin.

Histoire sans paroles !

Avec leur attente d'être pris en charge, ou celle d'agrandir leur autonomie, selon que le généraliste se place en protecteur ou en sauveur, dans l'émotionnel et la prise en main de la santé de ses patients, ou en relation d'aide face à eux. Quand il n'y a pas de restitution du pouvoir de vie par le généraliste, c'est l'enlisement du patient dans la chaîne médicale technique.

C'est l'éloignement de sa sortie du sas, du point de passage qu'aurait dû être le lieu de rencontre, ou encore de retrouvailles, de clarification, du patient avec lui-même. Lieu de renaissance, de bilan d'où devrait émerger un être plus libre, ne serait-ce que pour continuer à prendre sa vie en main.

La différence est grande, en durée de la thérapie, en ordonnances et médication, en attente exigeante du patient : « Soigne-moi et fais le travail pour moi ! »

Or, pour conserver sa liberté d'être, il faut respecter la place et le travail qui revient à chacun, qu'il s'agisse du médecin, du thérapeute ou du patient.

Pour cela, chacun doit être conscient de l'état dans lequel il se trouve, et y apporter les corrections nécessaires :

État	Correction à apporter
Enchaîné	Se dé-chaîner
Surchargé	Se dégager
Dominé	S'affirmer
Gêné, freiné	Se dé-gêner

Enclencher ce processus tient à la relation verbale et non verbale, au *toucher*, le tout additionné à la médication. C'est un préalable et/ou un complément indispensable. Déceler les indices de l'entropie éclaire sur la juste place à tenir.

Le généraliste est le premier en poste. Et parfois, parce qu'il n'a pas appris à baser son rôle sur la relation, trop porter devient lourd pour lui. À trop prendre sur ses épaules, à se faire trop accaparer, il se prive de liberté d'être, et sa tâche en devient difficile, épuisante, douloureuse à vivre parfois (sinon souvent), à moins qu'il ne finisse par se blinder, perdant par là même, du moins en apparence, de son humanité, ce qui ne fait qu'augmenter le problème.

Au pire, il devient un homme-robot, profiteur d'un système qui cependant lui nuit, et nuit à ses patients, à sa relation aux autres, famille incluse.

Pourtant son rôle est privilégié, qui remet dans l'axe le patient au moment opportun, ou le met en face de son vécu, des choix à faire, sans décider pour lui, sans accepter de favoriser son endormissement en lui dissimulant la réalité, ce qui risquerait de déplacer et de dénaturer le problème, voire d'engager le patient dans un processus de plusieurs années d'effondrement et, à terme, de le mettre en danger.

Ce lien privilégié généraliste/patient doit au contraire rester un lien et non un attachement, un lieu d'ouverture et non de dépendance. La place du généraliste est une plate-forme idéale pour prendre le recul nécessaire face aux événements de la vie. Si le médecin nie ou évite de voir la réalité ambiante de son patient (effondrement économique, détresse à tous les niveaux...), s'il ne se câble pas et ne fait pas le travail d'ajustement nécessaire, il risque de sombrer avec ceux qui sombrent.

Il est indispensable d'apprendre, en règle générale et partout, à dire « non ! », à dire « stop ! », à savoir être là, clair et ferme, à savoir s'exprimer par rapport à ce qui est indispensable, face à l'autre, en relation médicale et en relation d'aide.

C'est le service à poser, pour le bien de chacun. Ce n'est pas d'encourager les visites, les rendez-vous et la prise en charge qui réduira la charge émotionnelle, affective, énergétique, non plus que la tension physique. C'est une véritable écoute qui restituera l'autre à lui-même, et consolidera davantage encore le médecin dans son rôle.

Le juste engendre le juste, et la vérité, la vérité, donc, la santé. Pourquoi ? Quels liens avec la santé ? Parce que le mensonge, le faux, le mal placé, rendent malade, alors que le contraire donne ou favorise la guérison. On ne prend pas assez en compte la valeur et la force de la vérité et son action constructive. Le discours est douloureux aux souffrants !

Dans l'exercice de la médecine, il ne s'agit pas, hors la spécialité qui s'y rapporte, de jouer au « psy » en plus du travail de médecin classique. Il suffit d'être vrai et présent, cohérent dans la rencontre, pour être en adéquation, et exprimer, vivre son humanité. Je peux aller, parfois, jusqu'à enlever tout ce qui sépare et maintient la distance (bureau par exemple), sans pour cela me perdre ni m'approprier l'autre.

Encore plus de netteté, pour encore plus de justesse.

Cela comprend-il un risque ? Oui, toujours le même : celui d'apprendre encore davantage ce qu'est la juste place, la vraie relation et la communication. Et même si cela m'occasionne une remise en question, tant mieux !

De toute façon, le patient sent, sait si je suis vraie, sans honte, sans retenue, sans fermeture, sans limitation. Si nécessaire, je peux aller jusqu'à me dire, me situer, et cela vaut mieux que faire semblant. Sinon, il y a le risque d'écraser l'autre d'un pouvoir inapproprié, et de lui montrer seulement que je suis indigne de sa confiance.

La transparence est un gage de sécurité, de facilité dans le travail, et de rapports sains, sobres et propres, agissant, servant de propulsion, ou d'enclenchement vers une libération, un nettoyage, un passage. C'est un pont posé.

Attention ! La juste place dans la relation d'aide, c'est ne pas fouiller dans la vie de l'autre. C'est, partant de ce que je suis et de comment je le suis, entendre et recevoir la révélation de l'autre, sans jamais forcer ses limites, ses barrières. Une juste écoute favorise les justes mots, la juste libération, et tout peut alors se dire de ce qui a à se dire. Sans plus. Cela suffit à provoquer la révélation, à dégager de l'énergie.

Chaque rencontre permettra, si cela est nécessaire, la suite de la révélation, ou le « dire » de la compréhension sur un vécu vu, reconnu, placé, d'après la rencontre précédente. Ainsi, le fil, la continuité d'une vie seront retrouvés.

D'autre part, il faut savoir dire « pouce ! ». S'autoriser à se reposer, à se poser, afin d'intégrer une étape. Savoir choisir de se donner de la place pour soi, afin qu'une autre étape s'enclenche, pour que des apprentissages portent leurs fruits. Ainsi il est possible d'avancer plus libéré, plus ouvert, plus vivant, plus en accord, plus prêt à la rencontre.

Cela implique de savoir choisir parfois entre revenus financiers et revenus spirituels, les seconds faisant plus de place à la valeur de l'être et servant à évoluer, autant personnellement que professionnellement.

Savoir se permettre un juste repos pour « s'évoluer » mieux

Il suffit pour cela de quelques jours, ou d'un week-end en solitaire ; dans le fond de son lit, dans son bureau sans visiteur, dans la montagne ou à la mer... à chacun son moyen. Que chacun se reconnaisse au moment de ces plages nécessaires, et s'ose.

Les moyens et les finances s'accordent quand on est dans le juste. C'est un juste retour et aussi une des lois universelles dont bien peu profitent. Il est vrai que cette voie-là demande à poser des choix, à se dé-chaîner, à se dé-charger, à se re-situer.

C'est toujours le premier pas qui coûte, une fois le processus engagé, mais tout va de soi, car c'est :

- Une personne, une famille, des patients... qui en bénéficient.
- Être à l'aise dans sa vie et avec soi, donc avec les autres.
- Se libérer de tensions accumulées et non perçues, donner au corps de la liberté, de la détente, de la souplesse.
- Favoriser la mutation.
- Être libre, responsable, en tant qu'homme.
- Aller vers un lendemain autre et meilleur.
- Enfin retrouver sa famille, ses racines, ses enfants qui ont aussi leur juste place.

Ainsi, les enfants nous offrent de retrouver un comportement plus simple, plus sain. Ils m'enchantent par leur naturel, leur savoir-vivre, cet état d'évidence, d'accord, qu'ils vivent et donnent à voir lorsqu'ils ne sont pas entravés ni dénaturés.

De les sentir un jour décalés par rapport à leur comportement naturel, si tant est que l'on se donne le temps de les voir et de les écouter, nous permet de remettre les pendules à l'heure, de porter un regard attentif sur une attitude passée qui nous a fait les conduire là.

Leur rire, leur joie nous parlent de vraie vie, de valeur à confirmer, et d'équilibre à entretenir et développer !

Ce qui nous sert en tant que soignant face à la souffrance des patients.

3. Attitudes, habitudes, aptitudes (sensorialité et sensibilité)

a) Le regard de vie

> *Tant d'êtres,*
> *parce qu'ils ont côtoyé la mort,*
> *parce qu'ils ont tant souffert ou tant eu peur,*
> *jusqu'à l'inacceptable, l'extrême,*
> *la lisière de la mort*
> *ont trouvé la vie,*
> *retrouvé leurs forces de vie*
> *et leur joie de vivre !*

La joie de vivre s'exprime par le regard.

Parce qu'ils ont manqué de tant d'amour, de tant de paix, et qu'ils viennent de retrouver, de recevoir, d'accepter et d'intégrer la joie de vivre, leur regard laisse filtrer leur sentiment, car ils ne sont plus sur la défensive. Ayant retrouvé confiance, sécurité intérieure et sérénité, ils vivent enfin libres et heureux d'être. Et cela peut se lire dans leur regard !

Ils vibrent de cette même joie de vivre qui habite les personnes qui savent donner, chercher, acquérir et partager.

Il ne suffit que d'oser !

Notre regard révèle la qualité de notre être, notre accord avec ce que nous sommes vraiment, notre profondeur, notre vérité, la qualité d'amour et de compassion que nous accordons à l'autre, l'acceptation de ce qui est notre non-jugement. Mais, il peut tout aussi bien laisser transparaître le rejet, le refus, l'écart de soi, la distanciation, la négation de ce qu'est et vit l'autre, de sa souffrance, de sa douleur. Dès lors, comment s'étonner de ses réactions qui peuvent aller du simple repli à la rébellion.

Si le patient devient trop agressif, interrogez-vous, non seulement sur vous mais aussi sur la cohérence de l'équipe, demandez-vous quels sont ces masques qui l'irritent à l'heure où il cherche à déposer le sien.

Combien d'aides-soignant(e)s et d'infirmier(ère)s passent leur temps et perdent leur énergie à rattraper, ou à essayer de rattraper la défaillance orgueilleuse et/ou violente d'un des leurs, traduite en mépris, subtilement, voire férocement, placé sur le malade. C'est si facile. Il est impuissant à se défendre. Qui plus est, il est couché (pire encore s'il est immobilisé sur le dos, la face ventrale étant généralement ressentie inconsciemment comme la plus vulnérable).

En formation, autant que je le peux, je fais expérimenter aux brancardiers l'état du malade roulé plus ou moins doucement, aux infirmier(ère)s la visite en groupe du matin, du soir, dans sa possible forme agressive ou distante. De ce fait, chacun expérimente la place de l'autre. « Ça » parle et ça change tout, un regard, une attitude, un geste. Il n'est plus question, ni même possible, d'oublier les ressentis, les vécus de cette expérience. L'attitude devient différente.

La pyramide des rôles est ainsi inversée si on s'autorise à expérimenter un tant soit peu (le soignant devenant, le temps de l'exercice, le soigné), et cela vaut mieux qu'un long discours. Rien ne remplace un vécu !

Il n'y a pas encore beaucoup de chirurgiens à la recherche de la juste place, de la vraie relation, de la rencontre, autrement qu'en cabinet. Toutefois, ils sont demandeurs, cherchent à se renouveler, se donnent le temps plus que d'autres médecins, hélas trop pris. Ils sont motivés, désireux d'une meilleure communication. Les laboratoires pourraient aider à cette découverte à travers des séminaires, à moins qu'il ne suffise d'un peu de bon sens pour saisir toute la nécessité de cet indispensable retour à l'humain.

La souffrance de certains médecins qui exercent au cœur de cette humanité est sans doute imputable en partie à un système d'habitudes périmées qui les maintient sous pression, sous tension, dans la distance. Ils sont en compétition permanente, cherchant à prouver leur différence et leur importance.

Cette façon d'agir relève d'une erreur grossière qui ne fait que les amenuiser. Cela dit, leur souffrance est sans doute imputable également à une sous-information concernant la relation et à une ignorance du corps énergétique.

Un homme amputé de son humanité n'est pas un homme respecté, efficace, complet, sain. Il est difficile à vivre, à contacter, à côtoyer, à rencontrer.

On en oublie que c'est le malade lui-même qui nous fait vivre. L'exercice du pouvoir ne suffit pas à faire accéder l'homme à la grandeur. Alors qu'un individu, habité par lui-même, possédant toute son humanité, est grand dans sa simplicité, apte à devenir acteur de sa vie, à la fois moteur et créateur.

Il est indispensable de remettre les pendules à l'heure, de se repositionner à son juste niveau, de découvrir ses aptitudes pour s'ajuster et se vivre clairement.

Cela permettra à tous ceux, coincés dans l'ombre de ces faux géants, d'oser s'exprimer, tant ils sont prêts et impatients, de pouvoir être eux-mêmes, ni brimés ni soumis.

La responsabilité personnelle réside dans le fait d'oser. Oser prendre le risque d'être soi, au vu et au su des autres.

Il suffit si souvent d'un seul geste pour enclencher tous les autres afin de générer tant de soulagements. Vivre et accepter son unicité, ne pas faire de notre différence un sujet de distance, un prétexte au paraître. Être en accord ne nécessite pas tant d'audace, mais liberté d'être, courage et honnêteté suffisent. Notre santé mentale, psychique, physique et relationnelle en découle. Notre santé énergétique aussi.

Même si nous manquons d'études chiffrées à ce sujet, les réalités sont parlantes et aussi crédibles. Peut-être faudra-t-il en arriver un jour à taxer, à mettre à l'amende, ceux qui coûtent si cher à tous en dérobades.

b) Aptitudes à oser

Oser l'humour, comme moyen de *toucher*, d'ouvrir, de dédramatiser, de retourner au vrai, au simple, de « retrouver l'heure juste », comme on dit au Québec.

L'humour est un moyen de communication extraordinaire. Il permet de rire de soi, de rire avec l'autre, de rire parce que la joie de vivre est là, en nous, qu'elle essaime là où elle s'exprime, qu'elle fait jaillir la joie en l'autre. Au lieu de toujours tout compliquer, revenons à des valeurs simples, osons simplifier.

Je crains parfois que nous ne soyons en régression et que, si nous n'y prenons garde, nous ne parvenions à un abêtissement généralisé, ou pire, légalisé.

Si nous ne changeons pas volontairement nos attitudes et nos habitudes, quels lendemains préparons-nous à nos enfants ? Saurons-nous faire du drame d'aujourd'hui un avenir plus juste ? Cette société en question saura-t-elle mettre en avant l'intelligence du cœur, seule vraie valeur d'un être ?

« L'utopie, c'est la réalité de demain », disait Le Corbusier.

Pour tous ceux qui se cantonnent dans un présent étriqué, il est certain qu'il peut paraître utopique de se montrer autrement, de se vivre tel que l'on est vraiment. C'est presque devenu un interdit social. La transgression est douleur et fête !

Tant que l'être se laisse aller à ses retenues, à ses limitations, à ses inhibitions, il n'est que réduit et dépendant. Il est malléable, prend tout et n'importe quoi pour argent comptant.

Mais sous la cendre couve le feu. Chacun de ceux qui sont encore, peu ou prou, conscients en ont assez de se faire rouler dans la farine, et cherchent, attendent l'éveil. C'est de lui que jaillira le meilleur de la vie, les instants à savourer, les minutes de plénitude ajoutées qui font une différence notable dans la qualité du vécu. C'est de ces moments-là que l'on saisit ce pourquoi la vie vaut d'être vécue.

Lorsque l'on commence à s'interroger, le moment est venu d'agir. La difficulté des soignants le révèle : la demande est aujourd'hui de taille.

Il ne reste que l'accord à se donner pour devenir un individu conscient et responsable, autonome et fraternel. Être simple n'est pas se diminuer, c'est se mettre à la portée de l'autre, c'est être soi, en accord. C'est éviter de tirer sur son énergie, donc de se fatiguer pour se mettre à distance, prendre de l'écart. C'est aussi éviter de perdre du temps et de manquer de discernement. Alors, on se trouve dans le temps présent, le moment. La rencontre est l'essentiel.

Il faut savoir que tout écart pris à l'égard de soi génère nombre d'autres écarts, qui vont alourdir encore notre tâche et notre communication.

c) Le langage créateur

Le mot crée. «Au début, il y a le verbe» : ce verset biblique va bien au-delà de sa portée religieuse.

En deçà et au-delà de son extériorisation, le mot est une onde, de par et en lui-même. Il émet, donc agit. La libération des mots crée la transformation à laquelle elle ouvre. Elle est une préparation active à la guérison. En thérapie, c'est la priorité.

La personne qui parle est souvent coupée de sa pensée, ou trop distante, ou en contradiction avec elle. Dire «Je veux», avec en corollaire «Je pense que ça n'est pas possible», exprime une négation, une sensation d'impuissance et d'inefficacité. Il faut toujours vérifier l'adéquation entre le dire et la pensée de la personne. Retrouver le parler vrai, c'est faire surgir le vrai.

Je me souviens d'un pays, loin d'ici, dans lequel j'ai rencontré un être que je n'ai vu qu'une seule fois. S'il m'avait accompagnée régulièrement, j'aurais peut-être avancé plus vite! Mais, peut-être aurais-je raté beaucoup de ces mille détails qui, maintenant bien ancrés, ont donné une autre dimension à ma vie et à mon travail. Cet être ne m'a dit que deux phrases, qui ont résonné au plus profond de moi, longtemps, et m'ont autant écrasée que mise en colère. Mais cela a créé la mise en route du bon moteur, et avec le temps, l'action de guérison tant recherchée. D'autres sur le chemin ont complété ses dires avec les mots nécessaires.

Sa première phrase était :
«Là où tu es, il te faut être patiente.»
Et sa deuxième :
«Change ta façon de penser.»

Cela correspondait bien sûr à une étape dans mon cheminement, et cela m'a parlé. Le mot agit et modifie l'état de conscience. Il met en marche un être, lui donne la possibilité de retrouver l'accord et la santé.

Le ton amplifie la force du mot et ancre le juste pour de bon. La force d'action est alors plus profonde, la propulsion plus complète.

Il m'a fallu du temps, mais ces phrases se sont imprimées au plus profond de moi. Car cette personne avait atteint, par la qualité de son écoute et de son regard, la réalité de ma conscience. Elle a su rétablir le contact que j'avais perdu avec moi-même et m'a laissé ce cadeau unique qui a perduré, mûri, grandi. Ma perception de ces mots se situait au-delà du savoir, je sentais qu'ils disaient vrai.

C'est pour cette raison qu'il est bon de poser les mots les plus vrais, les plus simples, les plus proches de la réalité car, ainsi, ils deviennent réalité et vérité. En même temps qu'ils situent, ils sont facteur d'acceptation et moteur de développement, parce qu'ils touchent la vérité, ses causes et ses conséquences.

d) Comprendre, vivre et accompagner la sensibilité

Affirmer sa sensibilité pour la vivre comme élément éclairant sur l'autre, sur nous-mêmes, sur la vie et ses principes, sur l'humain et ses comportements, sur le monde. L'entretenir, c'est se garantir un accès enrichi à la vie.

J'ai souligné l'importance du silence. Je ne peux ignorer celle de la nature.

La nature nous offre un regard plus juste par les saisons (sur la valeur du temps), par les semailles et les moissons (sur l'acte et ses conséquences), par le temps de mûrissement (sur les étapes de la croissance), par les péripéties diverses (sur les dérèglements et leur approche).

Tout dans la nature nous parle et nous enseigne :

➢ Regarder les étoiles le soir, dans la paix de la nuit, garantit un sommeil paisible.

➢ Marcher pieds nus, en contact avec la terre, outre les retrouvailles avec soi, permet de retrouver le vrai, en même temps qu'un ressourcement, par décharge des énergies de tension.

➢ Se laver sous la pluie nous dégage, nous épure, nous redonne la joie. Le vent, lui, agit en synchronisant notre respiration.

➢ Se réchauffer sous le soleil, le temps nécessaire, à juste dose, nous réconcilie et nous unifie.

➢ Se poser devant un feu qui crépite, chante, favorise la détente, le centrage, et ressource en énergies saines.

Il en va ainsi de toutes choses simples et naturelles. Il est bon de les remercier d'être encore présentes, à notre service.

À nous d'ouvrir les yeux sur leur utilité. Elles nous ramènent à la qualité d'être, plutôt qu'à la quantité et à l'accumulation de pensées, de biens, de bruits, de parasites. Elles constituent le retour à l'essentiel !

Elles nous amènent aussi, parfois, par un effet-miroir, à ressentir nos manques fondamentaux, nos besoins naturels, dans notre quotidien, quel qu'il soit, personnel ou professionnel.

Par exemple, lors d'un accompagnement, il se peut qu'un patient laisse affleurer un désir et en soit troublé. L'accompagnant peut également éprouver de la gêne, se sentir déstabilisé.

Voici quelques éléments de réponses pouvant expliquer ce malaise, qui le place devant lui-même, et sur lequel il doit travailler.

➥ Mauvaise gestion de la libido, de la sexualité :

- Par fermeture.
- Par interdit.
- Par le fait d'une solitude.
- Par un refus d'écoute de soi-même dans ce domaine.
- Par un manque de liberté personnelle.

➥ **Énergie vitale pas « placée » et devenue encombrante :**

En conséquence, le trouble du patient peut venir aussi de ce qui émane non concrètement, mais de manière perceptible, de l'accompagnant, en termes de :
– manque de relations sexuelles ;
– manque de tendresse relationnelle ;
– manque de reconnaissance de ces faits.

Ces manques qui peuvent émerger chez l'accompagnant à tout moment, par surprise, malgré lui, le mettent, ainsi que son patient, en difficulté, en situation délicate.

Puis-je, à partir de ces observations, me permettre de poser quelques conclusions ?

Hors de la vie professionnelle, il est souhaitable de pouvoir assumer et vivre son besoin de tendresse relationnelle, d'assumer et vivre sa libido.

Une sexualité épanouie offre une réserve d'énergie vitale suffisante pour faire face aux éléments perturbateurs. Par la respiration et la conscientisation, il devient possible de transcender cette énergie créatrice. Chaque faiblesse est transformée en force. La vie est ainsi plus harmonieuse, la confiance en soi et la sécurité plus grandes. Rien de trouble n'intervient, dès lors, dans le travail. Seuls demeurent la joie d'être et l'amour de la vie au travers d'une présence totale et nette.

Cela permet la non-fermeture de l'accompagnant qui peut ainsi déceler beaucoup plus vite des points intéressants pour la thérapie, en relation avec les blocages du corps.

Le centre est plus fort,
et l'axe meilleur ainsi !

Nos peurs sont les compagnes de notre sensibilité mal gérée. La vibration qu'émet la peur est nocive pour le malade, le blessé, le souffrant. C'est une énergie désagréable, pernicieuse, insinuante et collante, qui paralyse l'être morcelé, ou en état de globalisation progressive.

Pour le soignant, dépasser sa peur consiste à se dire à l'équipe, au malade, si l'urgence ne lui laisse pas d'autre alternative. Il ne faut pas craindre la réaction du malade. Dire la vérité, exprimer son malaise sera apaisant pour l'un comme pour l'autre. Alors que faire vivre sa propre peur au souffrant, en état d'hyperréceptivité, consiste à l'enfermer dans ce cercle infernal et à nier les deux individus. Car les peurs se renforceront l'une l'autre.

Pour le patient, souffrir signifie que sa vie est remise en question, qu'elle s'échappe, même si elle se renouvelle et se structure. Sur le moment, elle est synonyme de risque : celui de mourir, de ne pas se remettre de cet état transitoire.

Être malade relève d'un dangereux numéro d'équilibriste. La vie ne tient parfois qu'à un fil, l'horizon et le bout du tunnel n'étant bien souvent situés que dans un avenir incertain, ce qui est d'autant plus difficile à vivre seul.

La résonance de l'énergie de celui qui a passé un cap facilite ce passage. Parce qu'il est passé par là, par ça, qu'il en connaît les éléments, qu'il a traversé le pont, son énergie renouvelée donne implicitement, au-delà des mots, le témoignage de la vie possible, du passage réalisé, de son gain.

L'autre sait que vous savez : il le ressent et cela l'aide à vivre et à mieux ressentir ce passage. L'accompagnant, s'il a peur, ne doit pas rajouter sa peur à celle du malade. Il doit être honnête avec lui-même et avec le malade.

Le malade, dans son espace de travail intense, où tous les éléments se rejoignent, se jouxtent, se rencontrent, voire luttent pour trouver une nouvelle adéquation, se vit comme dans une bulle (un cocon parfois), dans laquelle il est isolé, coupé de l'extérieur. Ce qui accentue sa difficulté de retour à la vie, aux autres. Or, ce recul ne doit pas être coupure, clivage, il doit conserver le lien, si ténu soit-il, de maintien à l'ensemble afin d'alléger la difficulté du passage. Là, le *toucher* est fondamental, car il élimine la peur ou la diminue.

Être libre et laisser l'autre libre est la règle, pour que le *touché,* l'accompagné, franchisse ou non le pont, selon son choix, son heure, son rythme, sa convenance, et non selon votre vouloir, votre volonté. La seule force que vous pouvez laisser passer, parce qu'elle vous habite, est celle de la vie, parce qu'elle témoigne de la vie elle-même et de son intérêt.

La bulle s'agrandit parfois à la famille ou à un ou deux êtres. Faut-il y entrer ou non ? L'ouvrir ou non ? Apporter l'ouverture sans l'imposer ni s'imposer. Être là, tout simplement, et respectueusement, de façon à ce que l'oxygène circule, que l'air du dehors entre en douceur et non en force. Ainsi le chemin se déroulera tout seul, en toute liberté, en incluant tous les acquis du voyage, pour chacun : malade, famille, entourage.

Pour ne pas se nier.
Pour ne pas fausser un ressenti.
Pour ne pas déformer ce ressenti.
Pour ne pas se couper d'une partie de soi.
Pour trouver et pratiquer l'écoute et l'empathie.

e) La valeur des émotions

Il est indispensable et prioritaire de s'accorder à vivre, de reconnaître et d'accepter ses propres émotions, de se les dire et de les exprimer. C'est la seule façon d'être véritablement en contact avec soi, au niveau le plus profond, ce niveau qui donne un accès direct à l'écoute de l'autre.

La charge émotive, non exprimée ou refoulée, niée, devient un encombrement, un blocage, une raideur, une limitation de l'être. C'est une perte de contact avec la réalité dans son ensemble (visible ou non, concret ou abstrait, parole, sens, sentiments...), une perte de lucidité.

Dans la relation à l'autre, cela provoquera une écoute fragmentée, refusant, bloquant une partie de la vérité de l'autre.

Ainsi sera bloqué l'accès à l'autre, parce qu'il y aura une barrière, un interdit, la communication dans cette rencontre se vivra en mineur. Il y aura restriction de l'expression et de la liberté d'être, pour les deux : soignant et soigné.

Dans le travail de groupe, je tiens à faire une large place à cette expression, à cette reconnaissance, à cette autorisation, à sa validation, car c'est une condition qui ouvre à l'authenticité, à la sécurité.

Pour l'autre, c'est la possibilité de se dire, de se vivre, de s'exprimer dans et à propos de son état, sans y être obligé. Sinon, il y a risque de blocage, ou de renforcement du blocage existant.

Travailler pour apprendre à placer ses émotions, puis savoir les vivre, c'est ouvrir plus grande la porte de l'expression personnelle, sortir des limitations, rentrer dans plus de liberté.

C'est approfondir son potentiel créatif, donc, ouvrir à la faculté de renouvellement, à la souplesse d'ajustement, dans sa vie personnelle et professionnelle. C'est aussi libérer le corps de ses tensions, de son poids, de sa raideur, de sa lourdeur, et lui offrir un libre mouvement, lui donner une nouvelle jeunesse, ou, plus exactement, changer sa façon de vieillir, vivre le temps autrement, dans le mûrissement et la sérénité.

S'autoriser à vivre et se libérer de ses émotions permet aussi de dépasser la réaction de jugement et de critique. L'expression donne accès à la reconnaissance, au fait de savoir dire ses peurs et entendre celles des autres.

Exploiter ses émotions, ses peurs, c'est en guérir et, très souvent, guérir sa vie, son corps, son être, sa communication, son comportement, qui deviendront alors actifs au lieu d'être réactifs. C'est un soulagement immédiat et sans pareil ! Un espace plus large de rencontre ! Une plus grande et plus juste responsabilité !

La capacité de savoir s'accorder à l'autre, sans se dérober, sans le nier, sans l'agresser ni le prendre totalement en charge, c'est lui donner l'ouverture, l'expérience et le temps pour faire ce même travail.

À ce propos, je suis en général contre ces systèmes de détournement des émotions au profit de l'apparence, du paraître (style : « Souriez yoga » ou « Ayez l'air zen »...). Ce sont pour moi des discours faux et des méthodes déviantes pour l'être.

Je suis contre le déclenchement abusif et souvent mal géré des émotions par diverses techniques. Car, du déclenchement, on en arrive aux conséquences possibles de non-maîtrise, de dérapage de celui ou celle qui a déclenché le processus et qui n'assume pas, par peur, lâcheté, manque de responsabilité ou méconnaissance de ses limites, et qui renforce l'autre dans son ancrage passé, dans son incapacité.

Je suis pour le travail sur soi, la connaissance de soi, sans violence, en souplesse, et qui n'exclut pas la fermeté. Car alors, si la violence s'y exprime, c'est qu'elle a la liberté de s'y exprimer, et que cela découle d'un problème réel, dans le présent et le quotidien. Ce problème se résoudra en ramenant, en remontant cette violence, jusque-là refoulée, dans la spontanéité du moment. C'est la vraie libération !

Il ne s'agit pas d'entretenir un individu dans le culte de son passé, ni de le conduire à toujours rechercher les causes du présent derrière lui, mais bien au contraire de l'aider à se situer dans l'ici et maintenant, à prendre conscience de son état actuel, de ce qu'il est et de ce qu'il a.

C'est le sortir de cet « omni-souci », de cette obnubilation, voire jubilation masochiste, de son intellect tournant en permanence sur le registre du passé. Il sera alors libéré pour être vraiment actif, et au service de l'être. Et non le contraire.

Donner place à ses émotions, traverser ses peurs, être plus créatif, remet en cause toute son expression.

L'être alors ose, peut et sait se dire,
sans double message,
sans se retenir, sans s'enfermer, sans se renier.

La relation véritable est là, dans la sécurité qu'apporte un être dans l'aisance ; à l'aise avec lui-même, son ressenti, son vécu, son expression et sa communication.

Il est dans son harmonie, et se vit dans sa vérité. C'est le respect de soi et de l'autre au meilleur niveau.

Oser être soi

Arrivé à ce point, il ne craint pas, ne fuit pas, prend le temps, peut faire des choix et les assumer si c'est pour son bien, y compris si cela passe par des pertes ou des rejets.

Il est totalement libre, non dépendant, libre du regard et du jugement des autres, leur en laissant le libre choix et la responsabilité, puisqu'il se vit responsable de lui-même.

Il est dans sa sécurité, possède une intériorité et ne s'appuie plus sur l'extérieur.

La différence est grande dans ses conséquences, car elle conduit à une simplicité totale, à une fermeté, à se positionner naturellement et à trouver sa juste place.

La souffrance personnelle, comme la souffrance en général, est alors perçue comme une difficulté à être. On cerne mieux que celle-ci porte en elle le germe de toutes les réponses si l'être va jusqu'au bout, s'il sait fournir l'effort indispensable pour se poser, pour se laisser accompagner. Car c'est au fond de lui qu'il peut se donner ce que la vie lui propose. Il n'y a pas de don sans receveur.

Cette phase-là est celle des bénéfices. C'est un aboutissement, en même temps qu'une nouvelle tranche de vie, devant nous, là, à notre portée.

C'est se vivre dans une dynamique de vie, dans un mouvement naturel et non bloqué, c'est être en contact avec le tout et se sentir exister. C'est la joie de vivre et d'être.

Le soignant, disposant de son entièreté, se sert de toutes ses dimensions, exploite tout son potentiel, pour être là.

Cela change tout car, alors, il associe son savoir-faire à son savoir-être, et enrichit la technique de sa dimension d'humain.

Il sert la vie. Il se sent vivre, il sait qu'il se vit, que la vie est un don qu'il s'accorde. On assiste au plein épanouissement d'un être qui n'aura plus, dès lors, qu'à continuer à croître, à cheminer, à son rythme.

Ce qu'il deviendra sera fondamentalement important pour le soigné, le brisé, le blessé. Lorsqu'il entrera dans la chambre, il offrira – sans une faille, sans un effort, sans se compliquer, sans se retenir d'être – une chance de plus pour le malade de se consolider, une force supplémentaire.

En définitive, il y a moins de risques à assumer sa sensibilité et à apprendre à la gérer, de façon à tirer de cette soi-disant faiblesse une force.

C'est au travers de cette force que nous pouvons vivre réellement à l'écoute de nous-mêmes et des autres, donc de la vie. C'est elle qui fait de nous un être entier, une entité. C'est elle encore qui nous donne le *la*, qui nous permet de trouver l'accord à partir duquel nous pouvons poser des choix véritables. Désormais, nous sortons de l'état de dépendance, en cessant d'y enfermer ceux qui nous entourent. Ce qui nous rendra définitivement libres !

À partir de là, nous serons capables d'un engagement personnel cohérent, ou d'un co-engagement (dans le travail, en couple ou en équipe).

Refuser le service de notre sensibilité (voire de cette hypersensibilité), l'enfouir en se cachant derrière un placage bétonné ne nous évitera pas, un jour ou l'autre, d'être confronté à un choc, qu'il s'agisse d'une difficulté de vie, de santé ou relationnelle.

Nous nous écroulerons alors, tant la distance sera grande entre ce que nous sommes et ce que nous donnons à voir, ce que nous voulons paraître.

Si nous sommes trop loin de notre être profond, le danger et la difficulté à faire face aux chocs seront bien réels. Le blindage ne protège pas, il dissimule. Seule la gestion de notre ouverture, l'expérience de l'immédiateté, notre capacité à savoir faire face peuvent nous aider.

La protection, c'est accepter ce que nous sommes, avec nos forces et nos faiblesses.

Reconnues, elles seront alors travaillées chaque jour et prendront leur vraie place, en tant que moyens d'être.

L'individu qui se réalise chaque jour
osera se vivre,
et vivre avec ce qui est

Il évoluera dans une relative plénitude. Au lieu d'une tension qui parle de raideurs, de refus, de distance, de luttes, et que la personne transporte avec elle, partout dans sa vie personnelle et professionnelle.

La différence est si grande qu'elle se résume à un seul mot : vivre. Il en remplace un autre désormais périmé : mal-être.

CHAPITRE VI

L'ultime clef d'un juste *toucher* : l'authenticité

1. États transitoires

Plus les prises de conscience sont importantes, plus elles nous secouent, car elles modifient notre rythme et tirent sur notre énergie, modifiant ainsi leur niveau.

Elles nous donnent un renouveau.

Donc, l'être ancien se libère du passé, s'ouvre, intègre le présent, en énergie, élargit sa conscience et la place plus haut. Ce qui peut, et devrait logiquement et impérativement s'assortir du repos corps/tête/cœur : par des siestes, de la tranquillité, du silence, un repos allongé le plus souvent possible, pour se délester de ses poids, tout en faisant contrepoids. Tout cela afin de ne pas risquer de trop grandes fuites d'énergie qui n'auraient pas lieu d'être.

Se coucher, s'allonger, non pas pour devenir une personne couchée, mais plutôt pour se relever, s'élever en homme debout.

Si ces rythmes ne sont pas respectés, la volonté de faire face malgré tout peut créer trop de tensions, en forçant, avec des efforts au maximum qui privent l'être de lâcher-prises importants et d'énergie (utilisée à se raidir). L'être peut alors ne pas réussir à fournir l'élan nécessaire à son redressement.

Par ailleurs, l'être non ancré, et souvent non centré, n'est pas accroché, voire identifié, à des personnes et des éléments extérieurs. Il va donc rechercher un être semblable à lui-même et l'attirer. Il va attendre et susciter la fusion, et s'y rouler véritablement, s'y enfermer, s'emprisonner, puis s'enfuir.

Dans ce mode de fonctionnement, on peut observer deux types de personnes.

➥ Celle qui veut apporter à l'autre :

Elle va chercher ce qu'elle va faire de l'autre, au lieu de voir et comprendre ce qu'elle va faire d'elle-même.
Elle va créer l'autre au lieu de se créer et vivra très bien tant que l'autre n'adoptera pas la même attitude !
Car une fois effectivement développée, réalisée, grâce à l'apport de la première, la seconde verra là où son « professeur » a lui-même besoin de se réaliser, et elle trouvera normal, logique et sain de le transformer à son tour. Et la première ne le supportera pas parce qu'elle sera mise en face de ses manques, de ses peurs, de ses faiblesses, qu'elle aura tout fait, jusque-là, pour ignorer.
Elle n'endurera pas ce face-à-face avec elle-même et s'enfuira.
De crainte de plier, par peur de se perdre, d'être captée, ce qu'elle redoute puisqu'elle n'est ni globalisée ni ancrée.
Au lieu de céder à l'autre en acceptant l'aide qu'elle a elle-même voulu porter, elle partira morcelée, déchirée, perdue (une fois de plus), isolée et coupée.
Cela, jusqu'à l'approche d'une autre rencontre !
Et le scénario se reproduira tant qu'elle ne se sera pas prise en main, tant qu'elle n'aura pas compris l'exigence de travailler pour elle-même, tant qu'elle ne se prendra pas en compte dans son essence même, sa structure, et donc son énergie.

➥ Celle qui se met sous emprise :

Dont j'ai expliqué au chapitre III le fonctionnement (voir p. 68).

Aucune des deux personnes n'est incarnée. L'une s'en sort en dominant, l'autre en se laissant dominer. Alors que l'une et l'autre ont des potentiels énormes pour être.

Ce que j'appellerai leur « hauteur/voyage », qui leur permettrait d'avoir une vie si riche, les encombre, voire les fait se déchirer, se déconnecter, disjoncter, tant qu'elles n'ont pas reconnu la nature de leur problème. Il s'agit d'une approche explicative de quelques formes de folie qui n'en sont pas. Mais peut-être faut-il savoir être un peu fou pour savoir devenir un peu sage ?

On ne peut nier que parmi ceux qui se disent stables, normaux et normatifs, il y a quelques êtres en réalité étriqués, limités, accrochés à leurs certitudes, leurs définitions et leurs modes, des individus qui se contentent de ne pas être, et qui derrière leur attitude réductrice souhaiteraient devenir les bergers du troupeau. Voyant leur norme dominante ainsi établie, ils se verraient sécurisés. Or, une des qualités de l'homme est d'être mutable, donc adaptable. Cette capacité représente une des conditions premières pour aborder cette nouvelle ère qui prendra naissance à l'aube de ce nouveau millénaire.

La dictature des vieux faux-semblants ne dit et ne crie que l'impuissance et la difficulté à se séparer de ceux qui la pratiquent. Il leur suffirait d'un peu d'honnêteté, d'un peu de simplicité, d'un peu plus d'amour pour les autres, d'un peu plus d'amour pour eux-mêmes. L'être relevé, l'homme debout, peut accéder à des états de conscience élevés dont les bienfaits, les avantages, la richesse, l'incroyable énergie, la profondeur sont sans conteste très intéressants. Mais tout cela ne restera que médiocre sans une adéquation au réel.

Ce qui est en haut est contactable, oui, mais pour être ramené en bas, et mis au service du plus grand nombre. Sinon, cela ne reste que de l'ego, et donc une forme de médiocrité.

Connaître, vivre, être à l'aise en haut, si ce n'est pas assorti de la même aisance en bas, et de l'accord avec le réel, devient autre chose, et encore plus, si c'est une occasion de se couper de soi, des autres, de la vie, de s'isoler.

Enfin, d'être en haut apporte à l'entourage la même gêne, la même vibration difficile à vivre, le même « décollement » que celui que vit l'entourage d'un « drogué », car cet entourage ne sait pas forcement trouver l'accès à cette hauteur, ni la jouissance de savoir y vivre. Donc, un être trop en haut (comme je l'ai déjà évoqué) reste et impose son «trop en haut», et la nuisance en est considérable au plan relationnel, car la communication n'est plus possible. D'autant plus que parfois, de si haut, il lui est difficile de regarder en bas sans apporter de jugement critique, sans montrer de susceptibilité, d'exigence, voire un certain mépris. La véritable grandeur, le véritable travail, consiste à trouver équilibre.

Savoir aller en haut, certes, mais en mettant cette expérience à profit afin de devenir encore plus soi, plus ancré, plus en accord.

Savoir se mettre au niveau du bas est une autre façon de s'élever, d'aller chercher ce qui demande à s'élever. C'est sortir de l'idée de puissance et de médiocrité alimentée par une idée de pouvoir, qui nous rapetisse et diminue tout en gênant considérablement ceux qui nous entourent. C'est entrer dans la simplicité, dans le principe de vie, et la tranquillité sereine d'un être qui sait voyager juste, s'ajuster vraiment, avec chacun. Cela demande du temps, un apprentissage, un apprivoisement et une acceptation de la mise en place, de la réalisation de cette capacité.

Dès lors, autour de nous, les nôtres prennent enfin corps, et ce qui en eux attendait de se révéler en les torturant prend forme, enfin.

Si un maillon est huilé, les autres le seront en conséquence, de même que si l'un d'entre eux est grippé, toute la chaîne le sera. La conscience sait et sent cela.

Quelle solution adopter? Retrouver le réel à travers une vie saine, un lieu de vie plus adéquat, une forme de vie plus harmonieuse. Cela passera par l'établissement de relations authentiques avec de vrais amis; par exemple par le choix du silence, profond et ressourçant; par une communication plus libre, basée sur le juste; par l'échange ou le don; par une plus grande liberté et par un respect de soi et des autres.

C'est un accord à vouloir, à retrouver!

Un «Je veux» qui, enfin, corresponde au sens d'un «Je suis». Et non un «Je veux» égoïste, dictateur, exigeant, ou un «Je ne veux pas» méprisant et ignorant. Ces diktats ou ces refus sont en fait le reflet des peurs de la personne qui les émet. Par exemple, sa difficulté à vivre son potentiel, tant la distance avec elle-même est grande. Alors, il lui est plus facile de refuser, voire de rejeter, ou de dédaigner ce qui s'approchant d'elle aurait pu l'instruire.

Il est non seulement intéressant de sortir de ces jeux propres à l'ego, mais surtout riche de l'oser, car l'éclairage est alors différent, et la révélation permanente.

On s'aperçoit que pour tenir debout on faisait appel à des béquilles qui nous raidissaient plus qu'elles ne nous aidaient. Renoncer à les utiliser, c'est retrouver son propre équilibre, aller vers l'harmonie et la paix. On regagne enfin son chez soi !

Plus concrètement, la multiplicité des rencontres en thérapie et en accompagnement démontre que, dans de nombreux domaines – notamment tous ceux touchant au bien-être et à la santé –, la sécurité d'un être passe par sa propre reprise en main, sur tous les plans et dans toutes les dimensions. Non seulement nous nous sommes rendus complices d'un système, mais nous en sommes aussi victimes consentantes.

L'assistanat règne et fait loi partout, parce que nous avons raté l'étape que représente l'assistance fraternelle, le fait de tenir compte des autres et de trouver sa juste place. Le comble, c'est que nous avons réussi, simultanément, à nous encombrer de dépendances, et à nous vider de notre énergie. Plus encore, à accentuer le décalage en devenant égoïstes et égocentriques, beau doublé qui nous sort totalement de nous-mêmes.

Victimes et bourreaux à la fois. Aveuglés par des œillères qui rendent encore plus difficile la sortie de l'impasse. Car il s'agit bien d'une impasse, où la lumière ne parvient plus. Seule issue : le retour à soi, en tant qu'individu, le retour à notre responsabilité, à notre autonomie, et la fin d'un jeu pervers de dépendances.

Je m'arrête (pour l'instant), en ce qui me concerne, à observer et analyser les dépendances si visibles chez quelques-uns et si présentes mais occultées par tant d'autres, au niveau relationnel ou énergétique, et à ce qui en découle : les effets sur le physique et sur les paroles venant du corps.

Le corps est un témoin redoutable mais sa parole est souvent refusée, niée, oubliée. Tant et si bien que pour réveiller celui qui l'habite, il est amené à crier parfois très fort : « Tu es dans le faux, dans le mensonge, ça te fait mal à l'intérieur, et tu te le caches. Tu n'es pas honnête au fond. Ta douleur t'arrange car elle détourne ton interrogation des vraies raisons, et tu t'accroches aux conséquences. »

Le contrôle est omniprésent. Il efface, jugule, réprime la responsabilité personnelle. Il y a de moins en moins d'êtres vrais, authentiques, et surtout conscients.

Le nombre d'individus endormis, hypnotisés, dans de la ouate, domine. Derrière les parois de leur détresse, à l'abri de leurs barricades, ils souffrent et jugent, bloquent tout ce qui bouge, se révèle et se réveille.

Comment ne pas se sentir envahis, étouffés, bernés, dispersés, éclatés, menacés, sous tant de soi-disant contraintes, sous tant de rapports faux, contrôlés au maximum.

Sous tant de dépendances, comment ne pas être torturés, complexés, inhibés, amenés à fuir ? En retour, la génération de nos enfants nous agresse, nous bouscule, nous heurte et essaie en vain de nous mettre le nez dans notre problématique.

Mais nous, sûrs de nos bons choix, nous les écrasons de notre pouvoir, et les condamnons à oser réagir. C'est ainsi que certains d'entre eux, lorsqu'ils ne sont pas tout simplement marginalisés, se retrouvent dans des services « psy » ou encore font des tentatives d'autolyse, merveilleux mot savant que nous utilisons pour masquer notre impuissance à comprendre et à dépister ces cas de suicide.

Où se situe la liberté, la vie, l'air pur, dans ces bas-fonds ? Il n'y a désormais plus de repos. Si seulement nous acceptions d'entendre les cris de ceux qui nous montrent la voie de la réalité, qui nous disent que l'argent n'est plus roi, que ce n'est plus l'amas de faire-valoir qui fait la qualité d'une personne, mais ce qu'elle est, et qui émane d'elle. Il s'agit de distinguer l'« avoir » de l'« être ».

Ce n'est plus la surface utilisée, mais la façon dont on l'utilise qui importe. Il faut apprendre à apprivoiser notre énergie personnelle. On peut comparer ce travail à celui qui consistait à domestiquer les ondes radio ou T. V., etc.

Ces énergies n'étaient en rien nouvelles mais nous demandaient de nous renouveler, de faire les pas nécessaires pour les utiliser, afin de ne pas être hors norme.

Ceux qui font encore figures de modèles, qui ouvrent la voie, disent tout haut ce qu'ils vivent et perçoivent, comprennent et gèrent. Mais, parfois, ils dérangent. Demain, ils deviendront révélateurs, car tout va très vite. Et les épreuves s'amoncellent pour confirmer ces vérités récentes.

Si nous restons résolus à entraver le développement de notre humanité au nom d'un prétendu savoir (régulièrement périmé au fur et à mesure des nouvelles découvertes), nous deviendrons des objets déshumanisés. Simultanément, tant d'autres prennent le train en marche pour retrouver leur humanité perdue.

Quel camp choisir ? Celui des vieilles badernes immobiles, ou celui des jeunes poussins sortant de leur coquille et découvrant pas à pas le nouveau rythme, la nouvelle énergie de vie, le nouvel accord, pour un mieux-être et un mieux-vivre.

S'apprivoiser dans la joie de la découverte et du sens enfin retrouvé.

Pour tous ceux qui sont dans le mi-temps de leur vie, on peut dire que les choses ont bougé ! Ceux qui ont essayé de coller aux schémas anciens constatent qu'ils ne peuvent adhérer à ce qui n'est plus. Quant à s'actualiser ? Ils commencent, timidement, à oser, à se remuer, à chercher.

Je souhaite qu'ils entendent ces conseils et agissent en douceur, pas à pas, en prenant garde de préserver leur stabilité :

- ➢ Ne faites pas subir aux autres ce que l'on vous a fait subir.
- ➢ Ne balancez pas votre vérité à autrui.
- ➢ Prenez le temps de vous découvrir, de vous avancer.
- ➢ Écoutez-vous devant ce que vous découvrez, placez-vous, contactez-vous, apprivoisez-vous.

> ➢ Réalisez-vous et individualisez-vous dans l'ouverture, soit, mais avant tout dans une croissance ferme, qui vous ancre sans vous durcir, qui vous ouvre sans vous dissoudre.
>
> ➢ En deux mots : structurez-vous !

Être bien dans cette société, dans ces temps, c'est d'abord être en accord, être en soi.

C'est la condition d'une évolution harmonieuse et riche, car il y a tant à découvrir à chaque pas sur les autres et sur soi que cela vaut largement le voyage.

Se vivre ici sainement, c'est être en relation avec l'autre, les autres. C'est entendre et voir cette humanité en marche, en deuil, en recherche, en souffrance, en expérience, en demande, sans se compromettre au point de s'y briser, sans se dénaturer et s'y perdre, mais en s'y construisant, en s'y épanouissant, et en régalant les autres de ces belles énergies de vie.

Ce que vous êtes aidera les autres à se réaliser

Ce n'est pas prendre les autres en charge qui vaut dans cette étape mais, au contraire, savoir les lâcher et leur redonner leur autonomie. Ce qui compte est de se rencontrer soi. En cessant tout contrôle sur eux, en évitant tout rapport de dépendance, en leur redonnant leur liberté, le verbe vivre retrouvera tout son sens.

2. L'important, c'est l'être

L'apparence, le grade, le contact social, l'étiquette, le salaire ou les avoirs ne sont rien.

L'important, c'est la valeur personnelle d'un être.

Les titres, l'argent, les signes extérieurs de richesse peuvent certes s'y ajouter et renforcer cette valeur personnelle s'ils sont bien placés, bien utilisés, comme moyens extérieurs procurant un élargissement des possibilités d'action, et non comme une finalité.

Marquer une personne, à plus forte raison un soigné, un souffrant, de l'étiquette « fils/fille de M. ou Mme X... » ou « M. ou Mme Y », ou de « Profession Z », c'est le réduire à une apparence, augmenter sa souffrance, agrandir la distance avec lui-même et avec les autres en tant que personne.

C'est l'amoindrir en tant qu'humain.

Dans le milieu des soins, il y a trop de pressions de cet ordre, autrement dit hiérarchiques. Pourquoi un soin serait-il plus précis et attentionné pour les uns que pour les autres ?

Sous l'apparence, il y a tant de « crasse », alors que tout brille extérieurement, et tant de richesse intérieure alors que tout paraît terne au premier regard.

Si je regarde l'autre en tant que personne, en tant qu'être, mon regard va au plus profond, au plus vrai. Parce que, ensuite, il me montre ce qui ne va pas, souvent les ponts se tendent, les liens se tissent. Et sous ce qui brillait, on découvre la misère, la souffrance, l'intolérable, l'insupportable. Et sous ce qui était terne, on perçoit et reçoit la richesse qui est là, latente, en demande de liberté, et c'est merveilleux.

Ce qui veut dire que des précautions sont à prendre !

Avec tous ceux que l'on dit nantis, titrés ou autres, il est bon de tenir compte de la façade que crée le manque à être, à voir, à entendre, mais qui ne diminue en rien la souffrance commune à tous. Leur condition les condamne à la représentation, donc à l'encouragement de la distance à soi-même, à l'éloignement d'une aide possible.

Cela revient, pour le soignant, à ne pas assumer sa responsabilité, à ne pas être en mesure de poser les actes justes.

Avec ceux que l'on dit défavorisés, il est bon d'éviter tout regard de condescendance, fondé souvent sur le mépris. Car cela tendrait à les nier d'autant plus, à les diminuer, à les amputer de leurs forces restantes et leur rendrait plus difficile le chemin vers la guérison. Cette attitude pourrait leur rendre plus difficile l'accès aux soins justes, de même que pour le soignant l'accompagnement serait rendu plus laborieux. Les soignés peuvent en ressortir doublement culpabilisés et meurtris.

> ***Chercher l'accord, créer l'accord,***
> ***c'est poser un vrai regard sur ce qui est.***
> ***En sortir grandi,***
> ***c'est ne pas se duper, ni se laisser duper,***
> ***ni même impressionner !***

Peu à peu, ce qui fera impression sera l'étonnante richesse de l'humain, le mystère de ses fonctionnements, la beauté des rencontres, le dénouement d'imbroglios énormes en apparence, mais qui en fait ne sont que des détails à régler.

L'aisance, le courage, le mouvement, se conjuguent avec l'ouverture, la souplesse, l'acceptation de ce qui est, la capacité d'action, le bien-être et le bien-vivre.

Tout cela révèle un être en marche, un être debout, sachant chaque fois plus qui il est, pourquoi il vit, se respectant et respectant l'autre, prenant sa place et laissant à l'autre la sienne, s'affermissant en s'affirmant au présent, sans préjugés, sans œillères, sans se mentir.

Accepter les pleurs, les doutes, le mal-être, la souffrance de l'autre, c'est être présent, à même de pouvoir écouter ce qui cherche à se dire, à émerger, sans le faire sien, en le laissant libre. Surtout ne pas l'empêcher, ne pas le laisser s'enfouir, mais au contraire, le laisser sortir. C'est son histoire et il doit en récolter les fruits.

Le plonger dans l'obscur est nécessaire pour le rendre à la lumière

Il y a un seul autre moyen : l'amour (le bonheur, la sagesse, la sérénité), si nous y mettons de la simplicité, si nous acceptons le partage, avec ce qu'il sous-entend d'engagements !

3. Les mécanismes de dérive

Contrôler quelqu'un, c'est s'arranger, par le ton, par le langage approprié, par l'intention, par des moyens détournés, pour le manipuler, pour l'amener là où l'on veut qu'il aille.

Intelligence et ruse, connaissance de l'autre, un brin de perversité, une domination habile, et l'autre se trouve maintenu sous pouvoir et sous dépendance.

Celui (celle) qui contrôle passe pour celui (celle) qui ne perd pas pied. Il ou elle utilise pour cela la culpabilisation ou la séduction de l'autre, la justification ou l'autorité, le chantage affectif...

Ce qu'il faut savoir, c'est qu'en agissant ainsi le « contrôleur » ne montre que sa faiblesse et sa peur de perdre, d'être perdu. Il panique d'ailleurs totalement dès que l'autre échappe à sa volonté.

Le contrôle est un moyen pernicieux, devenu à la mode, en relation de soignant/soigné pour :

- ➢ Nier la souffrance du soigné, détourner ou empêcher son « dire », arrêter sa parole, le faire taire !
- ➢ Le prendre en charge et le sur-assister.
- ➢ Éviter la confrontation à soi-même qu'implique la révélation de l'autre et de ses mots.
- ➢ Éviter un ajustement, un regard sur soi, une remise en question.
- ➢ Éviter de devoir approfondir et adapter la médication, le soin.
- ➢ Rester maître de l'autre.

Ici, il n'y aura pas d'écoute, rien de positif. Mais attention, car l'habileté du contrôleur peut précisément faire croire à une présence, à une écoute.

C'est une jolie façade, vide de sens, vide de vie, un paravent mis entre deux souffrances : celle d'un être en rétention totale vis-à-vis de lui-même, domptant à sa convenance tous ceux qui passent, sous prétexte de maîtrise, et celle de l'autre, le soigné, honnête dans sa souffrance puisqu'il se déclare malade et se met en position de demande. Le contrôleur manie à merveille charme et autorité ; il se veut leader.

Le prendre sur le fait est facile, car dès que son vouloir est contrecarré, il éclate de colère et peut même devenir redoutable. Le comble c'est que, comme tout manipulateur, ce contrôleur a souvent été contrôlé, manipulé, ou l'est encore.

Il ne sait pas s'affirmer, exprimer ce qu'il est. Tout en lui est caché, retenu, cloisonné.

Il peut être impressionnant d'assurance, de rigueur, d'apparente fiabilité. Il le sera un temps, mais finira par s'épuiser de fonctionner ainsi sur son seul pouvoir. Cela brûle des énergies considérables. Pour se récupérer, il peut inconsciemment pomper les énergies des autres qui, tôt ou tard, le fuiront.

Il crée donc, ou renforce, sa distance avec lui-même et avec ses proches et, bientôt, s'il est un soignant, il ne lui restera plus qu'à se nourrir de sa relation avec les soignés. Là, il sera excellent, perfectionnera, entrera en compétition jusqu'à l'épuisement.

Ayant trop tiré sur ses batteries, sur celles des autres, pesé au maximum, il fonctionnera tôt ou tard sur son capital vital, qui baissera à vue d'œil. «Les nerfs lâchent», dit-on, le corps défaille.

C'est un engrenage redoutable pour ces êtres redoutés !

Certains «sur-vitaux» donnent parfois longtemps le change. Se sont des «sur-présents», encombrants et surchargeants pour eux-mêmes et les autres. Respirer à côté d'eux est difficile, car ils sont sur les autres en permanence. En relation d'aide, en soins, ils sévissent à plaisir tant le royaume des souffrants les attire en tant que reflet de leur douleur !

Celle que les autres osent dire, et eux pas.

Face aux faibles, ils peuvent ou croient pouvoir, sans trop de risques, s'affirmer, se sécuriser. Leur force apparente et leur aura de soignant les aident à se cacher leur faiblesse. Comment alors attendre d'eux qu'ils écoutent, qu'ils soient là, alors qu'il faut l'être davantage pour eux ?

Ils *toucheront*, c'est sûr, parce que c'est nécessaire pour eux, pour s'imposer, se placer au-dessus, se sentir plus fort.

Ou bien, au contraire, s'ils se sont barricadés très tôt derrière leur grade et leur implacabilité, ils ne *toucheront* absolument pas, car cela détruirait leur carapace laborieusement confectionnée.

La faille serait alors redoutable, capable d'entraîner l'effondrement de tout l'édifice !

Il faudrait alors choisir de re-naître, de remettre à zéro l'aiguille sur le compteur, et de tout recommencer, pour se regarder vraiment, s'accorder le droit à être, à vivre, le droit au bonheur, à la communication, au partage, à l'échange, sans plus de peur.

Dans la joie ou la difficulté, car la confrontation avec les autres nous redonne l'occasion de mieux nous saisir, de nous ajuster et de nous connaître. Ce qui est loin d'être aisé !

Mais c'est une chance, car cela représente une occasion de nettoyage sans pareil, peu coûteux, et qui se vit au quotidien.

4. Le travail sur soi

Le travail sur soi, la thérapie, c'est avant tout l'autothérapie : se le dire et se dire, se chercher, se donner de s'accomplir.

Il suffit, parfois, d'oser se regarder, de se placer face à un autre, thérapeute ou non, pour faire le point sur une difficulté, pour établir son propre bilan.

Honnêteté et conscience prévalent dans cette démarche qui sera ensuite nourrie par la vie.

Si je me reçois, me contacte, ça me parle, et j'y vois plus clair, et mon regard sur l'autre se clarifie tout autant. Tout en gardant à l'esprit qu'il y a « lui » et « moi », et que les deux sont aussi importants l'un que l'autre. Ce respect garantit l'équilibre, cette connaissance me libère et libère ma relation aux autres.

La frilosité, la retenue émanent souvent d'individus dont les capacités sont bloquées. Ils se laissent freiner, se retiennent, se limitent. Cela peut venir de comportements déformants (propres à une éducation, à un lieu, à une suite de choses, à divers blocages), soit d'une soumission excessive au plus fort, à la hiérarchie, à l'air ambiant du service.

Vivre sous limitation c'est :

- Être à côté de soi !
- Ne pas prendre sa place, ne pas s'affirmer, ne pas être en accord, c'est ne pas être.
- Être prêt à toujours plus de limitations.
- Au vu de celles-ci, adopter par ailleurs un comportement revanchard.

Il y a un manque de courage à se positionner clairement. Cela ne demande pourtant que si peu : juste d'oser se manifester, depuis notre réalité, notre vérité, notre centre, pour nous trouver infiniment libéré, et enfin en soi, donc à l'aise.

Il suffit d'oser une fois, pour que le processus s'enclenche et que les forces personnelles soient à portée de main, elles qui attendaient depuis si longtemps et qui, parfois, bouillonnaient !

Enrayons les pathologies violentes des contrôleurs, celles un peu plus sournoises des contrôlés, les dépendances entretenues, et le processus de récupération de soi et de sa santé, pour sa santé, se mettra en marche de lui-même. À chacun de se réfléchir et de s'oser, pour oser sa vie ; à chacun de s'interroger !

Le contrôleur doit se pencher sur ses peurs et sur leur pourquoi, sur ses réactions de compensation (dues à l'habitude, à une enfance broyée, à la manipulation parentale, à la soumission obligée, etc.). Cela veut dire qu'il n'a fait que se mettre hors de portée de ce stress initial en reproduisant le système dont il a été victime. Cela veut dire aussi que l'être essentiel est là, à sa portée !

S'il arrête de fonctionner ainsi, il va se rencontrer et enfin se vivre. Il lui suffit de trouver, de comprendre et d'accepter cela pour se repositionner avantageusement et heureusement.

Il peut alors assister à sa mutation et découvrir que personne ne s'y oppose, qu'elle n'est pas choquante.

On dirait que chacun, pouvant enfin souffler, respirer librement, facilite le processus de récupération et de libération, en y trouvant tant de bénéfices que la mise en place se fait en souplesse, sinon joyeusement.

Ce n'est que plus tard que les remarques viendront, comme par hasard, quand la personne en mutation sera à l'aise avec ce qu'elle est devenue, heureuse de l'être, et que le climat autour d'elle, tout comme sa vie, auront changé.

Ceux qui se retiennent doivent s'interroger sur le flou artistique qui les entoure. Ils y perdent tant en manque à être que leurs sautes d'humeur, leur instabilité et leurs plaintes les apparentent à des victimes permanentes. Alors qu'à bien y regarder, ils sont leurs propres bourreaux !

Qu'ils se souviennent qu'ils ont plus à souffrir de ne pas être qu'à être et que freiner l'émergence de l'être en eux intensifie cette souffrance. C'est un régal de les voir, lorsqu'ils se déterminent enfin, et un soulagement général, tant cela facilite la communication et pose tout dans la clarté.

Il est important pour tous de ne pas oublier :

➥ **D'être soi :**

Cela ne signifie pas s'étaler. C'est devenir centré, ancré. C'est un état énergétique sans dispersion. C'est être et se vivre globalisé. C'est l'unique état de réalisation que l'on apprend, si on se l'autorise, si on se le donne, état à vivre de plus en plus longtemps, de plus en plus souvent, et partout. C'est payant pour la personne, c'est libérateur pour les autres.

➥ **D'apprendre à se manifester :**

C'est cesser de fonctionner sur l'autre, un autre, avec des « on », des « il(s) », « elle(s) », ou des « vous ». C'est passer au « je ». J'exprime ce que je ressens, je dis ce que je vis, ce que je crois. Ainsi je n'agresse pas, je ne m'agresse pas, je prends la liberté de me dire, je laisse l'autre libre de son « dire », voire je l'ouvre à son « dire », en enlevant ma propre barrière.

Là aussi, on constate une meilleure circulation d'énergie, une meilleure respiration, un meilleur fonctionnement du cerveau et des énergies et une communication notablement améliorée, rétablie.

➥ **D'oser se dire :**

C'est se dire à soi : « J'ai le droit d'être ce que je suis, j'ai le droit de m'exprimer avec ce que je ressens, j'ai le droit à ma liberté d'être, car ainsi je suis en équilibre et je sème l'harmonie autour de moi. » (S'il le faut, se le répéter matin, midi et soir, voire plus. Il n'y a aucune contre-indication !)

Sachant que si je m'ouvre et suis enfin authentique, d'autres autour de moi se libéreront et s'ouvriront. Sachant que, dès lors, je vais percevoir, voir, reconnaître, comprendre tant d'éléments nouveaux qu'auparavant mes barrières me dissimulaient.

La révélation de soi génère la révélation en tout.

Tout, alors, devient beaucoup plus simple, dédramatisé, vivant, plein et parlant.

Sachant qu'oser se dire permet d'entendre l'autre, de l'écouter.

Et que le contact avec soi ouvre au contact avec l'autre, améliore la relation, approfondit la rencontre, permet le juste *toucher.*

Partant de là, je suis libre et à l'aise avec le fait de *toucher* et d'être *touché*. Et je vis justement car en accord, même si je suis encore en devenir (car la vie en son entier est un processus d'évolution permanent).

Pour que cessent certaines causes de chagrin, il est bon de garder à l'esprit que celui qui se montre dans le pouvoir, la manipulation, le chantage, ne révèle que son sentiment d'infériorité, sa dévaluation, et qu'il y répond en se plaçant au-dessus des autres, pour dominer, et oublier ainsi sa faiblesse.

Le vrai pouvoir associe juste maîtrise, savoir être, savoir-faire et savoir vivre.

Ainsi reconnus, ceux qui ne savent, ne peuvent, ou ne veulent pas faire face à leur problématique personnelle perdent de leur puissance destructrice aux yeux de ceux qui les entourent, qu'ils soient patients, soignés, collègues, amis ou parents.

Et ces derniers ajoutent un droit de plus, un pouvoir de plus à leur propre existence, et deviennent capables de compassion à l'égard de l'autre. Juste retour ? Non. Juste évolution.

D'un moins, faire un plus,
d'un grain de sable, une goutte d'huile,
d'une pierre, une marche.

En matière d'énergie, il faut bien situer les notions de compétition ou de vol d'énergie. Cela existe-t-il ? Oui et non.

Les formes sont diverses et variées. Il y a :

- Des « pompeurs » d'énergie, ignorants du pourquoi et du comment.
- Des « emprunteurs de canaux » qui agissent quand le leur est obturé.
- Des « sauveurs » qui ouvrent la voie à beaucoup mais ne savent pas les lâcher à temps, les rendre libres et autonomes.
- Aussi des « réducteurs » qui cherchent l'ouverture, en se bloquant au passage sur leurs mémoires antérieures (celles du passé, de la généalogie, du comportement ancestral, familial, et celles des chocs et de leurs conséquences, des dysfonctionnements).
- Enfin des « cristalisateurs », des « inducteurs », des « révélateurs ».

Dès lors que l'on en est conscient, que l'on connaît les mécanismes, il ne peut plus y avoir de vol d'énergie ni de perte d'énergie. Il ne peut plus y avoir de désharmonisation, de perte de soi, d'appropriation, parce que l'on en situe les raisons.

Par son accès à la conscience, l'individu devient responsable de lui-même, de ses actes.

CHAPITRE VII

L'authenticité, le pardon, la compassion et le don juste

1. Le pardon

Il paraît impossible d'accuser quelqu'un de ce qu'il ne connaît pas. Il n'est pas forcément responsable de son ignorance. En revanche, il devient responsable en fonction de sa connaissance.

Être à la hauteur relève d'une certaine exigence, cela nécessite de s'accorder dans l'authenticité. C'est vrai aussi qu'il est particulièrement agréable de vivre ainsi, de regarder l'autre vivre et participer à la vie !

Trop souvent, celui qui croit voir l'autre, qui ne regarde que l'autre, les autres, pour se fuir, s'arrange pour agrandir la distance avec lui-même, tant lui est insupportable le regard qu'il porte sur lui, la conscience qu'il a de lui.

Lui qui soit jauge l'autre et veut le transformer, soit le juge médiocre et l'oblige au plus haut, à l'impossible, ne prend pas le risque de se regarder de trop près, car son exigence et sa hauteur seraient en compétition avec sa médiocrité. Cela peut être cruel de se découvrir si petit, alors qu'on se croyait si grand. Cela peut également être bienfaisant, lorsque l'individu est amené à se réveiller, tellement il a été ébranlé.

S'il choisit de s'enfermer pour ne pas se vivre ni se voir, il met en marche un processus d'autodestruction : un véritable « éteignoir». Refusant ainsi tout éclairage il s'éteint, malgré que la lumière continue de flamber à l'intérieur de lui, le consumant.

Lâcher prise ? Ce n'est finalement que cesser de se contrôler et de contrôler l'autre, les autres. Ce n'est banalement que se redonner la liberté d'oser être et la redonner à l'autre, aux autres.

Cela passe par le fait d'accepter de rencontrer et de traverser ses peurs, au lieu de s'y noyer en permanence et de les entretenir.

Ce qui prime encore dans ce cas, c'est l'intégrité.

Ouvrir les yeux, les oreilles, le cœur devant ce qui me fait peur me donne le moyen d'avancer pas à pas, et l'occasion de dénouer mes inhibitions. Je suis le seul à pouvoir me le permettre. L'autre ne peut que m'apporter un confort tout au long de cette avancée, par sa confiance, sa présence, sa prière, son amour.

Il ne s'agit plus de trouver des armes pour combattre et s'accrocher, d'être en état de guerre permanent, mais de mettre en œuvre les seules forces que nous ayons en nous, qui surgissent de l'amour et de la paix, qui créent la paix.

Pour cela, il est nécessaire de retrouver le sens de la fraternité, afin qu'elle joue son rôle d'inducteur lors de la mutation, de la réalisation de l'être.

L'incomplétude est douloureuse et trop souvent refoulée. C'est elle qui referme l'œuf sur lui-même, l'asphyxie, l'empêche de devenir. Toutefois, si on accepte de la regarder, de l'explorer, elle peut laisser le champ libre à l'exploitation de toutes nos richesses, de tous nos possibles.

Une fois qu'il a retrouvé son unité, l'individu atteint l'état de sérénité et de plénitude et peut envisager d'aller à la rencontre d'autres individus. On assistera alors à l'addition de deux êtres autonomes qui pourront par la suite se multiplier pour donner naissance à d'autres individus autonomes.

Lorsque ce processus est engagé, la division, qui s'emparait de l'homme et le réduisait à l'état de sous-humain, pourra cesser. Il sortira l'homme de sa dualité, ce qui lui permettra de se trouver en accord et donc en paix.

Nos comportements nous sont trop inconnus. Nous sommes aveuglés par notre immense ignorance. Profitons de l'approche de ce nouveau siècle pour mieux saisir les phénomènes d'énergie nous concernant, pour être à même de vivre cette mutation demandée, offerte et libératrice.

La spiritualité peut donner le jour à un homme nouveau-né.

Le XXIe siècle « sera religieux (c'est-à-dire relié à la dimension spirituelle de l'homme) ou ne sera pas », disait Malraux. Or, il l'est déjà ! Mais tout homme n'en est pas encore conscient.

Depuis quinze ans, je le perçois nettement, et précisément. C'est l'heure et l'occasion de se pardonner et de pardonner (pardon !). C'est l'heure d'une mutation effective, d'un renouveau bien nécessaire. Ici, je me dois de développer quelque peu ce que j'entends par « dimension spirituelle » car trop de confusions subsistent à ce sujet.

2. Dimension spirituelle ou spiritualité

La dimension spirituelle recouvre la partie non intellectuelle de la personne. Il s'agit de sa relation au monde, au tout et à elle-même. Cette relation à l'autre, aux autres, est à prendre à un niveau extrêmement dépouillé, épuré, généralement défini comme « élevé ». C'est l'expression de la conscience.

C'est ce qui se saisit et s'exprime par et avec nos facultés dites irrationnelles : intuition, perception (irrationnel ne signifiant bien sûr ni faux ni fou, mais seulement ce qui échappe à notre compréhension et à nos moyens d'investigations actuels). C'est ce qui nous permet d'accéder à une autre vue des choses, par une prise de recul vis-à-vis du quotidien, de l'événement, tout en leur restant raccordés ainsi qu'à nous-mêmes, dans notre réalité fondamentale, dans l'essentiel.

Comme si cet essentiel était à la fois un lieu et un lien, une source où se trouve l'amont, la vérité, avec ses sens, ses expressions, ses conséquences diverses. Cela peut se décrire avec des mots tels que : le juste, le beau, le vrai, le droit, le léger, le possible, le réel, l'entier, le complet. C'est la dimension de notre être qui a été jusque-là trop manquante, trop fermée, que nous avons occultée. Nous avons désappris son existence et refusé finalement de la reconnaître et ou de l'utiliser, étant soumis à trop de pressions éducatives et d'incitations réductrices, voire destructrices.

Simultanément, le progrès, les techniques, la rationalité ont prévalu, éliminant purement et simplement l'idée même de l'existence de cette dimension spirituelle tellement nécessaire. L'homme se doit d'être entier pour avoir une juste appréciation, une juste vue des choses, et notamment en matière de soins ! Soigner et guérir sont des notions complémentaires. Il faut soigner pour guérir. Et cela nécessite d'exprimer son humanité, d'accepter de vivre sa spiritualité et de la reconnaître, l'accepter en l'autre : le soigné.

Accéder à la dimension spirituelle, c'est sortir de sa fermeture, c'est se remettre de son amputation, de sa réduction, tout en pardonnant aux limiteurs de conscience, aux entreteneurs d'ignorance qui sont, de par leur inconscience et leur volonté forcenée de se protéger de leurs sens, source de beaucoup d'erreurs et de souffrances.

La spiritualité, c'est la conscience, c'est l'ensemble des valeurs que nous avons et sur lesquelles nous nous appuyons. C'est le travail sur nous-mêmes que nous faisons pour mieux nous placer en adéquation avec la vie, pour établir une meilleure communication avec les autres. C'est ce que nous nous donnons comme capacités à nous élever, et à recevoir pour grandir.

Cela n'implique pas d'obligation d'appartenance ou d'attache à des religions, qu'elles prennent la forme de sectes ou d'autres groupes spirituels. Ceux-ci sont des écoles de spiritualité avec leurs faiblesses et leurs forces. Ils ne sont pas non plus indispensables à un développement harmonieux de l'être.

La vie elle-même, le quotidien, le vécu, les rencontres, le travail sont tous facteurs d'enrichissement, d'évolution spirituelle. Nous devons apprendre à la placer, à la canaliser, à la vivre, en commençant par l'accepter, la reconnaître, l'apprivoiser et, si nécessaire, la réparer. Peut-être qu'alors notre désir (ou notre volonté parfois autoritaire et/ou sectaire) de soigner pourra, en additionnant les forces, les moyens et les possibles, se transformer en capacité de guérir.

Tout dans notre vie
est lieu de connaissance et de révélation.
Tout est lien avec l'humanité, le monde, l'univers.
Tout est porteur d'éléments enseignants et déclenchants.
Tout est vivant et donne de la vie à tout.
Tout est amour et favorise l'amour.
Donc, tout est énergie.
Nous sommes tous de l'énergie.

3. La compassion

La compassion n'est pas l'oubli de soi qui amène à la perte de soi. Il en est ainsi des attentes, des vouloirs, des dépendances, des fantasmes, qui me sortent de moi, de mon centre, de mon ancrage, de mon entièreté, et m'amputent de ma capacité d'être, de mouvement, de relation et de devenir.

Cela provoque les effets suivants :

- ➢ Viol de l'espace psychique, énergétique et spirituel de l'autre (l'objet de mes attentes), ce qui affaiblit les corps physiques.
- ➢ Par application de la loi naturelle d'action/réaction/coaction et par un juste retour des choses, viol du même espace dans mon être.
- ➢ Mélange dangereux entre ces deux énergies et perte de nos identités respectives, ce qui équivaut à une très nette diminution des potentiels de réalisation, d'action, de conscience, c'est-à-dire à une amputation de l'intégrité de soi et de l'autre, d'où risques de dérive.

La compassion, c'est savoir, c'est ressentir ce que je vis, souffre, comprends, connais, entends, constate, qui me rend ouvert, présent à ce que vit l'autre.

C'est être responsable, être conscient, de mon intégrité personnelle à tous les niveaux ; c'est l'entretenir en me respectant et en respectant l'autre. Partant de là, je ne suis plus sauveur mais acteur, sans qu'il y ait de confusion possible entre ces deux rôles.

Parce que j'ai reconnu, placé, intégré ce qui est à moi, de moi, en moi, ce qui travaille et a travaillé, j'en suis arrivé à être disponible pour accueillir l'autre dans ce qu'il est et vit. Je ne fonctionne plus sur de l'émotionnel, mais sur mon être entier. Et je reçois, contacte l'autre dans son être entier. Cela suffit, par conscientisation, à lui redonner accès à son être entier, à toutes ses dimensions, notamment celle(s) dont il s'était coupé.

La compassion, c'est l'amour, au sens noble, large, pur, et juste du terme ! Sans équivoque, sans excès, en toute conscience et en toute honnêteté.

Ce n'est plus de la compassion empreinte de religiosité, mais un acte de vie venant d'un être face à un autre être. C'est la véritable compassion d'un être réalisé, qui sait rester libre et laisser libre, qui sait donc donner et recevoir, établir une circulation.

Dès lors, il n'y a plus que rencontre.

4. Le don juste

Le don juste vient de l'accord : accord entre l'acte de donner et celui de recevoir.

Le savoir-recevoir vient d'une bonne gestion de nos peurs, notamment celle d'être pris, utilisé, celle d'avoir à payer cher l'obligation d'un retour, celle d'être vu en situation de besoin, comme si cela rabaissait ! Quand on ne sait ni ne peut être tout le temps parfait, cohérent, fort, solide et en accord (personne n'est parfait !), il faut savoir le reconnaître et savoir demander de l'aide ou déléguer ce qu'on ne peut faire dans l'instant.

Savoir recevoir ajouté au fait de savoir donner permet la complétude.

Les soignants ne sont pas exempts de ces difficultés, d'autant qu'ils sont placés en face d'éléments significatifs et parlants. Ils ont affaire avec la vie, la mort, la difficulté à vivre et à être.

Qui que nous soyons, quel que soit notre rôle dans la société, nous ne sommes pas seuls, mais ensemble, au milieu des autres.

Alors que donner est un acte libre, recevoir aide à être libre. C'est l'acceptation, jusqu'au bout, de l'aide de la vie, de la parole de la vie, du don de la vie.

C'est la libération totale, l'accès au discernement, au véritable engagement, celui d'une présence, d'un « oui » à la vie.

Sortie de la soumission, de la manipulation, de la peur d'être, la personne devenue est, et donc agit.

Quoi qu'elle fasse, où qu'elle soit.
Parce qu'elle vit, elle émet la vie.
Elle est en contact avec la vie,
donc elle est la vie

Épilogue

Accepte ce que tu es et ce que tu as à vivre là où tu es, pour y apprendre à te vivre !

Savoir être, Jean de la Fontaine l'a décrit si bien, notamment dans sa fable *Le Chêne et le Roseau.*

Le poids pour les fragiles, vu par les forts.

La prise en charge par les forts/ leur pouvoir sur ceux qu'ils jugent faibles.

Simplicité d'un être.

Le Chêne un jour dit au Roseau :
« Vous avez bien sujet d'accuser la nature ;
Un roitelet pour vous est un pesant fardeau ;
Le moindre vent qui d'aventure
Fait rider la face de l'eau,
Vous oblige à baisser la tête,
Cependant que mon front, au Caucase pareil,
Non content d'arrêter les rayons du soleil,
Brave l'effort de la tempête.
Tout vous est aquilon, tout me semble zéphyr.
Encor si vous naissiez à l'abri du feuillage
Dont je couvre le voisinage,
Vous n'auriez pas tant à souffrir :
Je vous défendrais de l'orage ;
Mais vous naissez le plus souvent
Sur les humides bords des royaumes du vent.
La nature envers vous me semble bien injuste.
– Votre compassion, lui répondit l'arbuste,
Part d'un bon naturel ; mais quittez ce souci :

Vraie et lucide est sa force. Se servir de ce qui apparemment pourrait desservir et s'en servir en servant la vie.	*Les vents me sont moins qu'à vous redoutables ;* *Je plie, et ne romps pas. Vous avez jusqu'ici* *Contre leurs coups épouvantables* *Résisté sans courber le dos ;* *Mais attendons la fin. » Comme il disait ces mots,* *Du bout de l'horizon accourt avec furie* *Le plus terrible des enfants* *Que le Nord eût portés jusque-là dans ses flancs.* *L'arbre tient bon ; le Roseau plie.* *Le vent redouble ses efforts,* *Et fait si bien qu'il déracine* *Celui de qui la tête au ciel était voisine,* *Et dont les pieds touchaient à l'empire des morts.*

Yin et yang. Force et douceur. Cherchons le point d'équilibre, le juste milieu.

Souple et ferme, présent et bien calé sur mes deux pieds, bien ancré, travailler et vivre dans la paix et la sûreté des êtres qui savent qu'à tout moment la vie parle ! Simplement : être là, vivre ! Aussi simplement que cette expérience récente, destinée à me rappeler le geste juste au moment juste :

> La porte d'une chambre était fermée, et la poignée tombée. Fermée moi aussi, par la précipitation, j'essayais, en vain, de remettre la poignée à sa place.
> Jusqu'à ce que je me penche et repère, observe le carré de lumière. Aussitôt, j'ai pu poser la poignée, sans hésiter un instant. La porte a pu s'ouvrir, me permettant, avec un nouveau regard, d'aller droit au but.

Je l'ai dit et le répète : il en va de même du *toucher*. Ce *toucher*, on le pratique sans le savoir, quand on se laisse aller au naturel, que la main parle et va là où elle a à se poser. La magie opère, simplement, dans le silence, en conscience.

Mais voilà, aujourd'hui nous nous retenons trop, pour nous barricader, nous mettre en dehors de toute atteinte. Nous nous éloignons, car c'est de la vie que nous nous barricadons. Dès lors tout devient compliqué, nous devenons faux.

Avec des gestes déformés, nous nous vivons mal, et ne savons plus *toucher,* ni nous laisser *toucher.* Les psy parlent de « distanciation » : distance, perte de soi, sortie de la spirale évolutive de la vie, pour rentrer dans celle, involutive, de la mort.

Être nous-mêmes, nous donner la liberté, nous permettre l'évolution, et la force de faire face, et au mieux accéder à la joie de vivre. Entre les deux se trouve un passage, un pont à traverser avec tout ce qu'il comprend d'apprentissages.

Pour cela, il faut entendre les mots vrais, la signification exacte des vrais actes, pour leur redonner, ainsi qu'à notre vie, un sens. N'étant pas une cellule isolée, mais faisant partie intégrante de tant d'autres reliées, il se peut qu'à notre réveil, nous nous rendions compte que nos mains, notre *toucher,* sont un lien avec les autres, un lien qui redonne la liberté à chacun, et qui ni n'attache ni n'enferme, mais libère.

Le *toucher* juste, reconnu, placé, sorti de l'ignorance, place l'être dans la connaissance, et le rend apte à pratiquer, parce qu'il sait ce qu'il en est.

Il ne s'agit plus dès lors que de poser l'acte que la conscience reconnaît comme possible, évident, naturel. C'est aussi simple que cela !

Toucher est un acte essentiel,
toucher est un acte de vie.
Se laisser toucher aussi !

Reste à aborder la responsabilité personnelle du soignant.

Est-ce que je m'autorise à aller jusque-là, dans le sens de la vie, et pour la vie ? Est-ce que je m'en donne la possibilité et la liberté ? Est-ce que je suis en accord avec moi-même, au point d'oser offrir naturellement un *toucher ?*

Est-ce que je suis assez libre avec moi-même pour l'être avec les autres, et dépasser le regard ou le jugement éventuel de ceux qui peuvent assister à ce *toucher?* Est-ce que j'accepte de me révéler à moi, à mes propres yeux, en risquant de poser un acte de *toucher* et par là même de me découvrir ?

Vivre cette ouverture libératrice de forces insoupçonnées que recèle l'être en lui-même et qu'il peut exprimer s'il accepte de se laisser toucher, pour que se lèvent les voiles, c'est ce que la vie vous propose.

Que déduirez-vous des interrogations que la lecture de ce livre a suscitées en vous ?

Cela reste avant tout votre affaire personnelle. Le choix vous appartient.

Cela reste votre détermination, votre devenir, votre liberté… et votre ouverture à la vie.

Table des matières

L'impression de cet ouvrage
a été réalisée par CLERC S.A.
18200 SAINT-AMAND-MONTROND
Tél. : 02 48 61 71 71

pour le compte des Éditions DANGLES
18, rue Lavoisier – 45800 SAINT-JEAN-DE-BRAYE

Dépôt légal Éditeur n° 2317 – Imprimeur n° 7145

Achevé d'imprimer en septembre 1999

Dans la même collection :

Dominique FROMM :

DIRE NON, ÇA S'APPREND !

Format 15 x 21 ; 136 pages ; illustré.

Il nous est assez facile de reconnaître notre difficulté à dire non, mais c'est bien souvent avec une moue de résignation, un sentiment de fatalité, que nous faisons le constat de notre impuissance comme si, dans l'instant de cet aveu, aucun remède ne pouvait être envisagé. Comme si rien ne pouvait nous aider à sortir de cet engrenage implacable.

Et pourtant, il existe bien un moyen d'enrayer ce mécanisme et de le réajuster. Après tout, si nous nous sommes enfermés nous-mêmes dans cet espace contraignant et frustrant, qui mieux que nous posséderait la clef pour s'en libérer ?

Tel est le pari de ce livre : accompagner le lecteur sur le chemin d'accès à une plus grande liberté intérieure. L'itinéraire didactique proposé veut aider chacun, à travers une compréhension progressive de ses habitudes de retrait ou de renonciation, à retrouver confiance en ses propres perceptions, et à envisager avec plus de lucidité et d'assurance les enjeux de ses choix. C'est alors que la relation à l'autre s'enrichira d'une authentique présence dans l'affirmation de soi.

EXTRAIT DE LA TABLE DES MATIÈRES :

Petit glossaire – Introduction.

I. **Un constat d'impuissance ?** – Premier état des lieux : à qui profite la faiblesse ? – Pourquoi s'en faire une montagne ? – Une bonne raison peut en cacher une autre... – Ménager l'autre ? – À qui la priorité ? – Paradoxe de la soumission – Pièges de la codépendance – Constat : impuissance ou incompétence ? – Identifier une conviction – Dire non : à quoi précisément ? – La métaphore ou l'art de faire confiance à votre inconscient.

II. **Vers un changement de perspective** – Envisager le changement comme possible – De la crainte d'être égoïste – Charité bien ordonnée... – S'ils ne sont pas tous égaux, les humains peuvent-ils avoir chacun droit d'ego ? – Accéder à un nouveau point de vue – Vers une nouvelle vision de soi-même et de l'autre – Une petite entrevue.

III. **Vers votre puissance intérieure** – À l'écoute de votre monde intérieur – Découvrir son radar intérieur – Ne plus perdre le nord – Poser ses limites – Trop, c'est trop ! – Créer des conditions favorables – Renforcer l'estime de soi – Vers un espace inviolable – Entraîner son corps – Consolider son ancrage.

IV. **Vers une relation équilibrée** – Savoir s'écouter – De bonnes raisons d'exprimer son point de vue – L'inconnue – Conflit ou opportunité ? – Le temps, votre allié le plus sûr – L'art et la manière – Devenir prévoyant... – ... Et inventif !

Conclusion.

Dans la même collection :

Thierry BERNARDIN (catharsiste) :

GUÉRIR DU PASSÉ.
Comment vous libérer des traumatismes qui vous entravent.

Format 15 x 21 ; 256 pages ; illustré.

« Ah si seulement j'avais épousé quelqu'un d'autre... si j'avais eu d'autres parents... si j'avais pu faire des études... si j'avais plus d'argent... » Si seulement... Plus ou moins fréquemment, avec une acuité plus ou moins grande, chacun de nous a un jour attribué à son passé les blocages et les insatisfactions vécues au quotidien, et a craint leur répétition dans l'avenir.
Ainsi, les problèmes que nous rencontrons (problèmes de santé ; troubles relationnels dans le couple, la famille, le milieu social ; difficultés professionnelles ; manque chronique d'argent...) restent le plus souvent la conséquence de « programmes » perturbants (mémoire de croyances, de projections ou de traumatismes) que nous avons enregistrés à un moment de notre existence, et ce, depuis le moment même de notre conception voire avant, à travers les transmissions inconscientes qui ont précédé celle-ci. L'influence de ces programmes est telle, que bien que nous ayons l'impression de vivre des situations nouvelles librement choisies, nous ne faisons que rejouer des scénarios appartenant au passé.
Thierry Bernardin étudie depuis longtemps la **Catharsis glaudienne** – méthode thérapeutique récente venue du Canada – qui s'appuie sur la double tâche de la mise au jour de la souffrance et du travail sur le présent : la mise au jour de la souffrance ouvre la porte à la réconciliation ; le travail sur le présent permet de prendre des points d'appui tangibles sur une réalité qui n'est pas encore contaminée par le passé.
« Aller avec » est le mot-clef de cette démarche novatrice. Au lieu de fuir son vécu, on rejouera son passé à travers une démarche de régression, jusqu'à l'aboutissement des processus de deuil jusque-là inachevés. Ainsi la Catharsis permet-elle de faire « fuser » dans la conscience les programmes erronés qui doivent être désoccultés. Notre conscience peut alors entrer en résonance avec le traumatisme initial pour le déprogrammer. Nous pouvons enfin abandonner nos systèmes de croyances anciens et accepter la souffrance que nous avons vainement cru anesthésier. Nous pouvons guérir du passé, regarder notre avenir en face... et nous faire confiance.

EXTRAIT DE LA TABLE DES MATIÈRES :

Introduction – Malades du passé – Guérir du passé ?
I. **Tout pour être heureux...**
II. **Quand les choses se gâtent...** – Malade des autres – Les violences physiques et les abus sexuels... – Pourquoi devient-on violent et abuseur ? – Le tabou sexuel...
III. **Les symptômes résultant des blessures du passé** – Les signes indirects montrant qu'un enfant a subi un abus sexuel...
IV. **Des traumatismes aux symptômes** – Causes réelles et causes apparentes des symptômes – Nos symptômes : l'expression de nos deuils inachevés...
V. **Oublier pour survivre...** – L'occultation : un concept nouveau – Refoulement ou occultation ? – Sentiments ou émotions ? – Pourquoi occulte-t-on ?...
VI. **Science et conscience...** – Les divers niveaux de conscience – Comment et où les souvenirs sont-ils stockés ?...
VII. **La guérison du passé** – L'objectif d'une démarche de guérison du passé – Les grands axes – Ce que vous pouvez mettre en pratique chez vous...
VIII. **La Catharsis glaudienne** – Quelle est l'originalité de la Catharsis glaudienne ? – Accepter ou non de guérir... – Indications de la Catharsis...
IX. L'**accompagnement des enfants** – L'harmonisation du milieu – Parents thérapeutes ? – La Catharsis intégrée à l'éducation ?

Dans la même collection :

Jacques BONHOMME :

(Psychothérapeute, psychophonologue et musicothérapeute.)

LA VOIX ÉNERGIE.

Instrument de nos émotions.

Format 15 x 21 ; 216 pages.

Reflet de notre capacité à écouter, la voix est capable de nous recharger énergétiquement. Elle indique nos tensions intérieures et la manière dont nous gérons notre vie émotionnelle.
Musique de soi, elle est instrument d'unité entre le corps et l'esprit, et moyen d'action sur nous-mêmes.

L'homme peut être comparable à un violon : lorsqu'une de ses cordes est trop tendue elle casse, si elle ne l'est pas assez, elle ne sonne pas. C'est le corps qui résonne et non les cordes de l'instrument qui ne font que vibrer et lui communiquer leur vibration. Quand l'être résonne avant de raisonner, il touche l'autre corporellement avant de le toucher mentalement.
Notre rapport à la vie est inclus dans notre voix. La voix serrée est une protection procédant de la peur et du refus ; elle cache des émotions refoulées et incomprises. Le desserrage est l'acceptation, le don de soi, l'ouverture et l'écoute de l'autre.

Inspiré de divers courants alliant la psychologie, la phonologie et les techniques de développement personnel, cet ouvrage est le fruit de dix années de recherches autour de la voix et de ses implications à travers la pratique psychopédagogique individuelle et de groupe, qui contient des concepts peu explorés et de nombreux exercices pratiques. Il s'adresse à toute personne qui souhaite, en comprenant et en travaillant sur les effets et les impacts de la voix, améliorer sa capacité d'expression et de communication.

EXTRAIT DE LA TABLE DES MATIÈRES :

I. **La voix : reflet de soi** – La voix : sécurité – La voix : identité – La voix : maturité – La voix : énergie – La voix : diagnostic et thérapie.
II. **Être accordé** – La tension juste de la corde – Percevoir le monde – Écouter – Se centrer – Vibrer – Résonner.
III. **Comme un violon qui chante** – Le corps – Les cordes – L'archet – L'âme.
IV. **Onze clefs pour s'accorder** – La clef lombo-sacrée – La clef thoracique – La clef laryngée – La clef cervicale – La clef pharyngée – La clef buccale – La clef faciale – Les clefs gestuelles – La clef récurrentielle – La clef mandibulaire – La clef linguale et nasale – Conclusion.
V. **La dynamique de la parole : résonner avant de raisonner** – Les dominances cérébrales – Laisser s'exprimer l'artiste en soi – Du silence mental à la pensée retrouvée – Quand le mot devient vivant – Une expression verticale et ouverte – Parole et dynamique de groupe.
VI. **Le chant énergie** – Être soi – Des graves aux aigus – Le chant grégorien – L'énergie du groupe – L'improvisation – Le groupe et le chant.
VII. **Le bilan psycho-vocal** – Identifier les problèmes – Le test d'écoute fréquentielle – Les tests voix et expression – Les tests complémentaires.
VIII. **Voix et psychothérapie** – Qu'est ce qu'une thérapie ? – La voix dans la psychothérapie verbale – La séance psycho-vocale.
IX. **Voix et applications** – La voix au quotidien – La voix à l'école – La voix et le choriste – La voix et le musicien – La voix et l'enseignant – La voix et l'acteur – Voix et spiritualité ou l'expérience de l'être essentiel – La voix et le thérapeute.
Conclusion – Bibliographie.

Avec 40 exercices pratiques.